象棋谱丛书

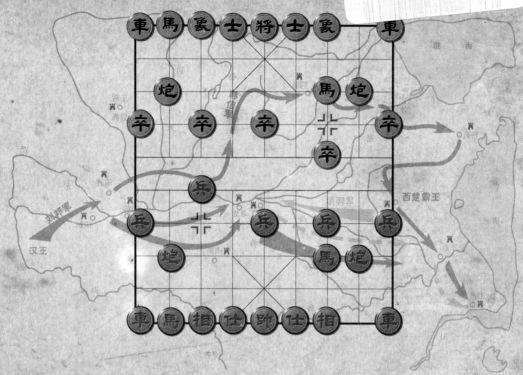

起马对挺车

陆伟韬·单欣 编

经济管理出版社·棋书中心

图书在版编目（CIP）数据

起马对挺卒/陆伟韬，单欣编 . —北京：经济管理出版社，2013. 12

ISBN 978-7-5096-2853-9

Ⅰ . ①起…　Ⅱ . ①陆…　②单…　Ⅲ . ①中国象棋-布局（棋类运动）　Ⅳ . ①G891. 2

中国版本图书馆 CIP 数据核字（2013）第 286336 号

组稿编辑：郝光明　张　达
责任编辑：郝光明　史岩龙
责任印制：黄章平
责任校对：陈　颖

出版发行：经济管理出版社
　　　　　（北京市海淀区北蜂窝 8 号中雅大厦 A 座 11 层　100038）
网　　　址：www. E-mp. com. cn
电　　　话：（010）51915602
印　　　刷：三河市延风印装厂
经　　　销：新华书店
开　　　本：720mm×1000mm/16
印　　　张：13. 75
字　　　数：219 千字
版　　　次：2014 年 3 月第 1 版　2014 年 3 月第 1 次印刷
印　　　数：1—5000 册
书　　　号：ISBN 978-7-5096-2853-9
定　　　价：37. 00 元

总　序

具有初、中级水平的棋友，如何提高棋力？这是大家关心的问题。

一是观摩象棋大师实战对局，细心观察大师在开局阶段怎样舒展子力、部署阵型，争夺先手；在中局阶段怎样进攻防御，谋子取势、攻杀入局；在残局阶段怎样运子，决战决胜，或者巧妙求和。从大师对局中汲取精华，为我所用。

二是把大师对局按照开局阵式分类罗列，比较不同阵式的特点、利弊及对中局以至残局的影响，从中领悟开局的规律及其对全盘棋的重要性。由于这些对局是大师们经过研究的作品，所以对我们有很实用的价值，是学习的捷径。

本丛书就是为满足广大棋友的需要，按上述思路编写的。全套丛书以开局分类共51册，每册一种开局阵式。读者可以选择先学某册开局，并在自己对弈实践中体会有关变化，对照大师对局的弈法找出优劣关键，就会提高开局功力，然后选择另一册，照此办理。这样一册一册学下去，掌握越来越多的开局知识，你的开局水平定会大为提高，赢棋就多起来。

本丛书以宏大的气魄，把象棋开局及其后续变化的巨大篇幅展示在读者面前，是棋谱出版的创举，也是广大棋友研究象棋的好教材，相信必将得到棋友们的喜爱。

黄少龙

2013.11.6

前　言

　　象棋是中华民族文化的重要组成部分，它历史悠久，用具简单，趣味性强，因而成为流行极广泛的棋艺活动。同时，它也影响和陶冶着我们的道德观念、行为准则、审美趣味和思维方式。象棋在中国古代被列为士大夫们的修身之艺，现在则被视为怡神益智的一种有益的活动。在棋战中，人们可以从攻与防、虚与实、整体与局部等复杂关系的变化中悟出某种哲理。

　　起马局是十分常见的一种开局，它的盛行晚于中炮和仙人指路等开局。象棋的棋理中有这样一句话，叫做以兵制马，所以第一步起马很容易被对方挺卒控制马路。但棋坛泰斗胡荣华以其独特的思维，引领了起马局的潮流，使起马局有了一定的套路和立足之地，后来著名的岭南双雄吕钦和许银川也经常使用此开局，使起马局得以传承。

　　象棋的每一个布局都可以说是前人栽树，后人浇水。经过代代优秀国手的努力，如今的起马局已经是枝繁叶茂，各路变化也很成熟。本书就起马对挺卒的变化，选编高手的精彩对局共172局。全书分为六章，每章为一个主流分支变化，这样读者能清晰地看出布局发展的来龙去脉。

　　作者从对局库中精心挑选了这些对局，经过深思熟虑选择出其中的好棋和坏棋并作出标记，还为每局棋选择两幅棋图，棋图多为每局棋的精彩之处，便于读者记忆和核对信息。

　　起马对挺卒，这路变化平稳但不平淡，极其考验中局水平和大局观，作者选择这路开局，对其兴起、发展进行梳理，希望能给读者呈现出一幅整体图景，同时体味到象棋博大精深的韵味。布局的不断发展是对固定模式的突破，这也把象棋的变化万千体现得淋漓尽致。

陆伟韬　单欣

2013 年 11 月 8 日

目 录

目 录

第一章　车九进一

第1局　赵庆阁负胡荣华

（1978 年弈于郑州全国象棋个人赛）

1. 马八进七　卒 3 进 1
2. 兵三进一　马 2 进 3
3. 马二进三　车 1 进 1
4. 车九进一（图 1）　马 3 进 4
5. 炮二平一　炮 2 进 2
6. 车一平二　炮 8 平 4
7. 炮八平九　马 8 进 7
8. 车九平八　车 1 平 2
9. 相三进五　象 7 进 5
10. 仕四进五　车 9 进 1
11. 车八进二　炮 4 平 3
12. 马三进二　炮 2 退 1
13. 炮九进四　车 9 平 8
14. 兵九进一　炮 2 进 2
15. 兵九进一　炮 3 进 4
16. 马七进九　卒 3 进 1

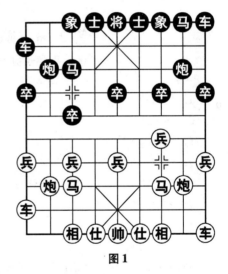

图 1

17. 相五进七　炮 3 平 9
18. 车二进三?　炮 9 平 5
19. 相七退五　车 8 进 3
20. 炮一平二　炮 5 退 1
21. 车二平五　车 8 平 5!（图 2）
22. 马二进三　马 4 进 5
23. 马三退五　马 5 进 7
24. 马五退七?　车 2 平 6!
25. 马七退五　车 6 平 5
26. 车八进一　车 6 平 5
27. 仕五进四　炮 5 退 1
28. 仕六进五　车 5 平 8
29. 帅五平六　车 8 进 1
30. 车八平六　车 8 进 2
31. 帅六进一　士 6 进 5

32. 马九进七　炮5平9
33. 兵三进一　象5进7
34. 炮九平七　炮9进4
35. 帅六进一　后马进6
36. 车六进一　车8退4
37. 炮七平一　车8平4
38. 车六退一　马6进4
39. 仕五退六　马4进6
40. 帅六退一　马7进6
41. 帅六平五　前马退8

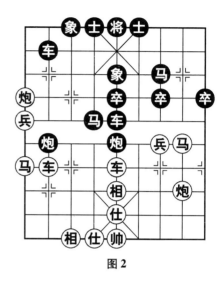

图 2

第 2 局　　陈寒峰胜陈启明

（2007 年鄞州杯全国象棋大师冠军赛）

1. 马八进七　卒3进1
2. 兵三进一　马2进3
3. 马二进三　车1进1
4. 车九进一　车1平7
5. 炮八进四　卒7进1
6. 炮八平七　象3进1
7. 马三进四　卒7进1
8. 马四进六　马3退5
9. 车九平八　炮2平4?（图1）
10. 炮二平五　车7进3
11. 炮五进四　马5进7
12. 马六进四　车9进1
13. 车八进七!（图2）马7进5
14. 车八平一　炮8平6
15. 前车平八　炮4平3
16. 相三进五　马8进7
17. 车一平三　马7进6
18. 车三进四　车7进1
19. 相五进三　马6进4
20. 车八退二　卒1进1
21. 炮七平六

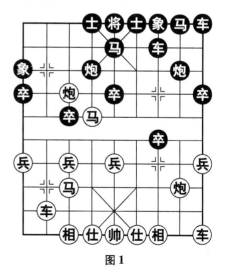

图 1

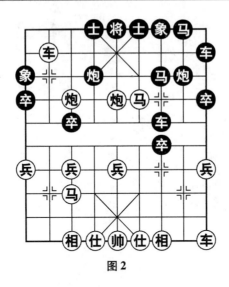

图2

第3局 汪洋胜洪智

（2009 年弈于淮安首届振达·韩信杯象棋国际名人赛）

1. 马八进七 卒 3 进 1	2. 兵三进一 马 2 进 3
3. 马二进三 车 1 进 1	4. 车九进一 车 1 平 7
5. 炮八进四 卒 7 进 1	6. 炮八平七 象 7 进 5
7. 车九平八 炮 2 平 1	8. 马三进四 卒 7 进 1
9. 马四进六 卒 5 进 1	
10. 炮二平五 车 7 进 2	
11. 炮五进三 士 4 进 5	
12. 炮七进三 车 7 平 4	
13. 炮七平九！（图1）车 4 进 1	
14. 兵五进一 卒 7 平 6	
15. 车一进一 卒 6 平 5	
16. 车八进八 马 3 退 4	
17. 车八平七！（图2）车 9 进 1	
18. 车一平八 炮 1 平 2	
19. 兵七进一 车 9 平 7	
20. 车七退一！马 4 进 2	
21. 车七平八 将 5 平 4	
22. 炮五平七	

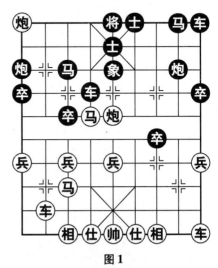

图1

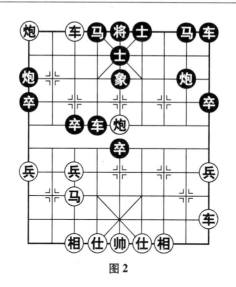

图2

第4局 赵庆阁胜蒋志梁

（1987年南北国手对抗赛）

1. 马八进七　卒3进1
2. 兵三进一　马2进3
3. 马二进三　车1进1
4. 车九进一　象7进5
5. 车九平四　车1平7
6. 炮二平一　卒7进1
7. 车一平二　马3进2
8. 马三进四　卒7进1
9. 马四进六　炮2进5
10. 炮一平八　炮8进3
11. 炮八平九　车7进3
12. 马六进四　马8进6
13. 马七退五　马2进3
14. 炮九平三　马3进2？（图1）
15. 马五进七　卒7平6
16. 车二进四　车7进3
17. 车二进四！（图2）马6进7
18. 马四进三　马7退6
19. 车四进三　士6进5
20. 车四进四　车9平6
21. 车四退七

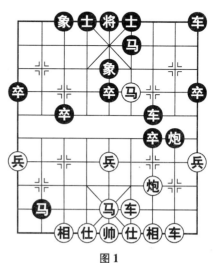

图1

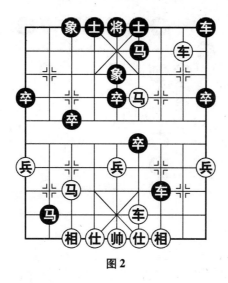

图2

第5局 王岐兴负王嘉良

（1979年弈于北京全国个人赛）

1. 马八进七 卒3进1	2. 兵三进一 马2进3
3. 马二进三 车1进1	4. 车九进一 象7进5
5. 车九平四 马3进4	6. 车一进一 马8进7
7. 车四平六 马4进3	8. 车六进六？（图1）马7退5
9. 车六退四 卒3进1	10. 车六进三 马5进3

11. 炮八进四 卒7进1！（图2）

12. 兵三进一 车9平7

13. 兵三进一 车1平6

14. 炮八平五 士6进5

15. 炮五退二 炮8进1

16. 兵三进一 炮8平5

17. 相三进五 车7进2

18. 马三进二 车6进4

19. 马二进一 车7进1

20. 马一进二 炮5进3

21. 马七进五 车7平4

22. 马五进三 车4进6！

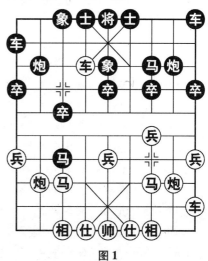

图1

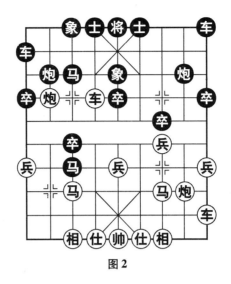

图2

第6局　郝继超胜党斐

（2012年弈于呼和浩特伊泰杯全国象棋甲级联赛）

1. 马八进七　卒3进1		**2.** 兵三进一　马2进3	
3. 马二进三　车1进1		**4.** 车九进一　车1平7	
5. 炮八进四　马3进2		**6.** 炮二平一　象7进5	
7. 车一平二　马8进6		**8.** 马三进四　卒7进1	

9. 兵三进一　车7进3

10. 相七进五　车9平7

11. 车二进四　马2进3

12. 车九平六　卒3进1？

13. 炮一平四　马6进4

14. 炮八平六　炮8平9

15. 炮六进三！（图1）将5平4

16. 车二进三　士6进5

17. 车二平一　前车平9

18. 马四进六　卒3平4

19. 马六进四　象5进3

20. 马四进五！（图2）炮2平9

21. 马五进三　车9平4

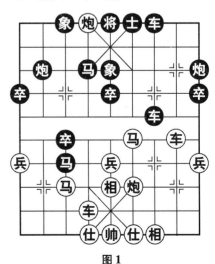

图1

22. 炮四平二　马 4 退 6　　23. 车六平四

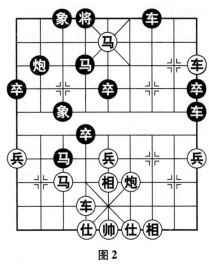

图 2

第 7 局　孙勇征和申鹏

（2013 年第 3 届温岭·长屿硐天杯全国象棋国手赛）

1. 马八进七　卒 3 进 1　　　2. 兵三进一　马 2 进 3
3. 马二进三　车 1 进 1　　　4. 车九进一　车 1 平 7
5. 炮八进四　卒 7 进 1　　　6. 炮八平七　象 3 进 5
7. 车九平八　炮 2 退 2
8. 马三进四　炮 2 平 3
9. 炮七进三　象 5 退 3
10. 炮二平三　炮 8 平 7
11. 炮三平五　卒 7 进 1（图 1）
12. 马四进五　象 7 进 5
13. 车一平二　马 8 进 6
14. 马五进三　车 7 进 1
15. 兵五进一　马 3 进 4
16. 车二进八　车 7 平 6
17. 车二退五　车 9 平 8
18. 车八平二　车 6 平 8!（图 2）
19. 前车进四　车 8 进 2

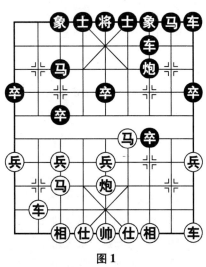

图 1

20. 车二进六　马6进8　　　　**21.** 兵五进一　马4进3

22. 兵五平六　士6进5　　　　**23.** 兵六平七　马3进5

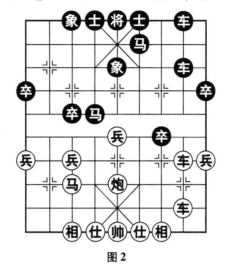

图2

第8局　陈刚负杨辉

（2013年弈于眉山第五届东坡杯中国象棋公开赛）

1. 马八进七　卒3进1　　　　**2.** 兵三进一　马2进3

3. 马二进三　车1进1　　　　**4.** 车九进一　象7进5

5. 车一进一　车1平6

6. 车一平四　士6进5

7. 马三进二　炮8平7

8. 相七进五　马3进4

9. 车四进七　马8进6

10. 车九平六　马4进3

11. 炮八进四？（图1）卒9进1

12. 炮八平七　卒9进1

13. 兵一进一　车9进5

14. 炮七退三　车9平8

15. 炮二平四　卒7进1！（图2）

16. 车六进七　象3进1

17. 炮四进二　车8进3

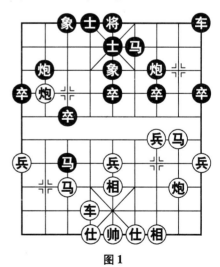

图1

18. 炮四平五　卒7进1　　　19. 炮五进三　将5平6

20. 炮五平七　马6进7　　　21. 车六平八　车8平6

22. 前炮进二　将6进1　　　23. 车八退一　马7退5！

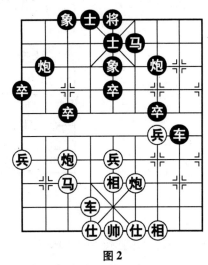

图2

第9局　靳玉砚胜周涛

（2008 年弈于顺德松业杯全国象棋个人赛）

1. 马八进七　卒3进1　　　2. 兵三进一　马2进3

3. 马二进三　车1进1

4. 车九进一　马8进7

5. 炮八进四　马3进2

6. 炮八平三　象7进5

7. 车九平六　车1平6

8. 车六进三　士6进5

9. 兵七进一　车6进3

10. 相三进五　卒1进1

11. 仕四进五　车9平6

12. 炮二退二！（图1）卒3进1

13. 车六平七　炮2平3

14. 炮二平四　前车平3？（图2）

15. 车七进一　象5进3

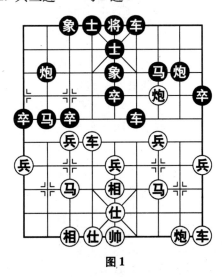

图1

16. 马七进六　马2进3
17. 车一平二　马3进4
18. 相七进九　卒5进1
19. 兵三进一　卒5进1
20. 兵五进一　马4退3
21. 炮三平七　象3退1
22. 相九退七　马3退5
23. 兵三进一　炮3平5
24. 炮四进四！

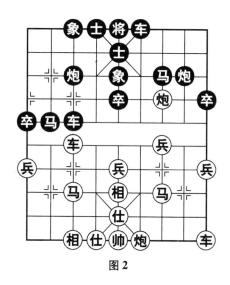

图2

第10局　陈寒峰胜徐天红

（2008年弈于东莞第3届杨官璘杯全国象棋公开赛）

1. 马八进七　卒3进1　　　2. 兵三进一　马2进3
3. 马二进三　车1进1　　　4. 车九进一　车1平7
5. 炮八进四　马3进2　　　6. 马三进四　象7进5
7. 炮二平五　车7平4　　　8. 车一进一　士6进5
9. 车九平六　车4进7
10. 车一平六　马8进7
11. 车六平二　车9平6？
12. 马四进六　炮8退2
13. 车二进六！（图1）车6进2
14. 炮五进四　车6进5
15. 炮五退二　卒9进1
16. 相七进五　车6退3
17. 马六进七　将5平6
18. 仕六进五　象5退7
19. 车二退一！（图2）象7进5
20. 前马退八　炮8平7
21. 炮八平七　车6退1

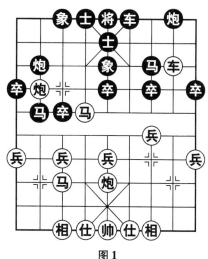

图1

22. 炮七进一　马7进5　　　23. 炮五进一　炮2进1
24. 炮七平八　马5退3　　　25. 车二退一　车6平4
26. 炮五平一

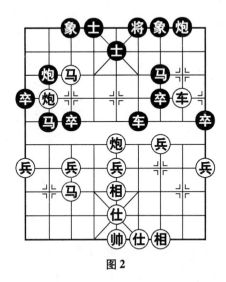

图2

第11局　靳玉砚负苗利明

（2008年天津南开杯环渤海省市象棋精英赛）

1. 马八进七　卒3进1　　　2. 兵三进一　马2进3

3. 马二进三　车1进1
4. 车九进一　车1平7
5. 马三进四　卒7进1
6. 炮二平三　马8进9
7. 车一平二　车9平8
8. 车九平六　象7进5
9. 车二进六　车7平6
10. 马四进三　车6进3
11. 车六进三　卒7进1
12. 车六平三　马3进4
13. 炮三平五　车6退1
14. 炮八进四　卒5进1
15. 炮八退一　马4进3

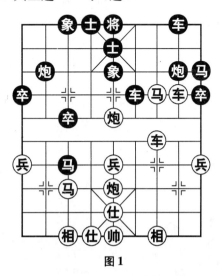

图1

16. 炮八平五　士 6 进 5

17. 仕四进五?（图1）车 8 平 7

18. 马三退四　车 7 进 5

19. 车二平四　车 7 进 4

20. 仕五退四　炮 8 进 7

21. 车四平二　炮 8 平 6

22. 后炮平一　炮 2 进 7!（图2）

23. 马七退八　炮 6 平 4

24. 帅五进一　车 7 退 1

25. 帅五退一　炮 4 平 2

26. 相七进九　马 3 进 2

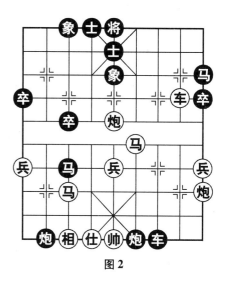

图 2

第 12 局　张晓平胜鹿小兵

（2011 年辛集市象棋公开赛）

1. 马八进七　卒 3 进 1

2. 兵三进一　马 2 进 3

3. 马二进三　车 1 进 1

4. 车九进一　车 1 平 7

5. 炮八进四　卒 7 进 1

6. 炮八平七　象 3 进 5

7. 车九平八　炮 2 退 1

8. 马三进四　卒 7 进 1

9. 马四进六　炮 8 平 6

10. 炮二进五　马 3 退 1?

11. 车一平二　马 8 进 9

12. 马六进五!（图1）象 7 进 5

13. 炮二平五　炮 2 进 1

14. 车二进六　炮 2 进 1

15. 车二进一　炮 2 退 1

16. 炮七平一　车 9 平 7

17. 车二平一　卒 7 平 6

18. 相七进五　炮 2 平 4

19. 炮一平九　炮 6 进 1

20. 车八进五!（图2）将 5 进 1

21. 炮九平五　将 5 平 6

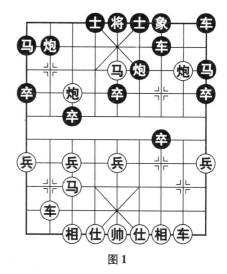

图 1

22. 车八进二 士6进5	**23.** 车一退一 炮6进6
24. 帅五平四 前车进2	**25.** 车一进二 后车进1
26. 车一平三 车7退2	**27.** 后炮平七 车7进1
28. 炮七进一	

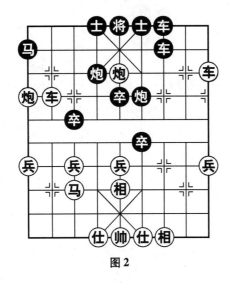

图2

第13局 靳玉砚负申鹏

(2009年天津平安杯京津冀晋象棋名手赛)

1. 马八进七 卒3进1	**2.** 兵三进一 马2进3
3. 马二进三 车1进1	**4.** 车九进一 车1平7
5. 马三进四 炮8进3	**6.** 马四退五 卒7进1
7. 炮二平三 马8进9	**8.** 车九平六 象7进5
9. 炮八进四 车9平8	**10.** 炮三平二 车8平9
11. 炮八平七 卒5进1	**12.** 车六平八 炮2平1
13. 炮二平三 车9平8	**14.** 车一平二 马3进5
15. 车二进三 车7平3	**16.** 车八进五 卒7进1
17. 炮七进三 象5退3	**18.** 车八平五 车3平5
19. 车五平六 车5平6	**20.** 车六平五 士6进5
21. 车五退一?（图1） 炮1平8	**22.** 车五平二 车6进2!（图2）
23. 兵五进一 卒9进1	**24.** 前车进二 车8进2
25. 兵五进一 车8平6	**26.** 仕六进五 前车进3

27. 车二退三　前车平 9

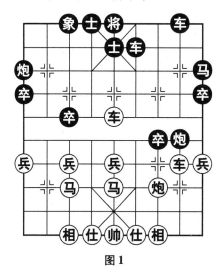

图 1

28. 兵五平六　车 6 进 4

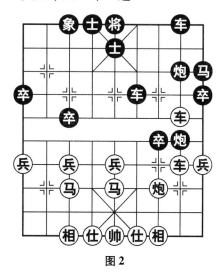

图 2

第 14 局　汪洋胜聂铁文

（2012 年弈于耒阳蔡伦竹海杯象棋精英邀请赛）

1. 马八进七　卒 3 进 1

2. 兵三进一　马 2 进 3

3. 马二进三　车 1 进 1

4. 车九进一　车 1 平 7

5. 炮八进四　卒 7 进 1

6. 炮八平七　卒 7 进 1

7. 炮七进三　士 4 进 5

8. 车九平八　卒 7 进 1

9. 马三退五　车 7 进 3

10. 炮七平九　炮 2 进 2

11. 兵九进一　炮 8 进 4

12. 马七进九　炮 8 平 5

13. 马五进六　车 9 进 2（图 1）

14. 兵九进一　车 9 平 4

15. 马九进八　马 3 进 2

16. 车八进四　车 4 进 4

17. 车八进四　士 5 退 4

18. 炮二平六！（图 2）车 4 进 1

19. 车八退七　士 4 进 5

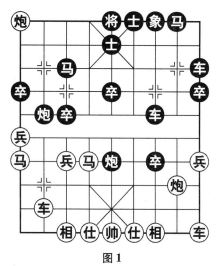

图 1

20. 车八平六 炮5退2
21. 车一进一 卒7平6
22. 车六平八 卒6平5
23. 仕六进五 将5平4
24. 车八进四 前卒平4
25. 相七进五 炮5平1
26. 车八平九 炮1退4
27. 车九进三 将4进1
28. 车一平二 马8进7
29. 车二进三

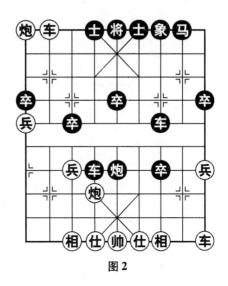

图2

第15局 卜凤波负陈卓

（2010年弈于石家庄藏谷私藏杯全国象棋个人赛）

1. 马八进七 卒3进1
2. 兵三进一 马2进3
3. 马二进三 车1进1
4. 车九进一 象7进5
5. 炮二平一 马8进7
6. 车一平二 车9平8
7. 车二进六 车1平4
8. 马三进四 炮2进1（图1）
9. 马四进三 车4进5
10. 相七进五 马3进4
11. 炮八平九 车4平3
12. 车九平六 马4进5
13. 马七进五 车3平5
14. 仕六进五 车5平1
15. 车六进五 炮2进6
16. 帅五平六 士6进5
17. 炮九平八 卒3进1
18. 炮八平六？ 炮2平6！（图2）
19. 仕五退四 车1进3
20. 帅六进一 车8平6
21. 炮一平四 卒3进1

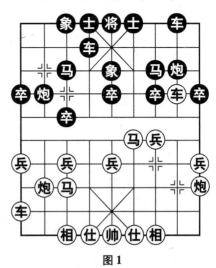

图1

22. 帅六平五	卒 3 进 1	
23. 炮六退二	车 6 进 7	
24. 帅五退一	炮 8 退 2	
25. 车二进一	车 6 退 5	
26. 车六平七	车 1 平 4	
27. 帅五平六	车 6 进 7	
28. 帅六进一	车 6 退 1	
29. 帅六退一	卒 3 平 4	

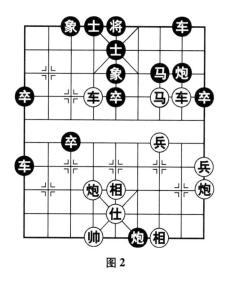

图 2

第16局　陈启明负程进超

（2007年锦州杯全国象棋团体赛）

1. 马八进七	卒 3 进 1	2. 兵三进一	马 2 进 3
3. 马二进三	车 1 进 1	4. 车九进一	象 7 进 5
5. 车九平四	马 8 进 6	6. 炮二平一	车 9 平 8
7. 车一平二	炮 8 进 5	8. 车四进三	炮 2 平 1
9. 兵七进一	车 1 平 2	10. 炮八平九	卒 3 进 1
11. 车四平七	马 3 进 4	12. 相三进五	车 2 进 6
13. 车七进四	士 6 进 5	14. 马七进六	车 2 退 2
15. 马六进四	炮 1 进 4	16. 炮一进四	炮 1 退 2
17. 马四进六	车 2 退 2	18. 炮九平六	车 2 进 4
19. 仕四进五	炮 1 进 5	20. 车七退三	炮 8 平 5
21. 帅五平四	车 8 进 9	22. 马三退二	马 4 进 5
23. 马六进七	将 5 平 6	24. 车七平二？（图1）炮 5 平 6！
25. 仕五进四	车 2 进 2	26. 炮六平五	车 2 平 3
27. 帅四进一	马 6 进 8！（图2）	28. 车二进二	马 5 进 3
29. 炮一平五	马 3 进 4		

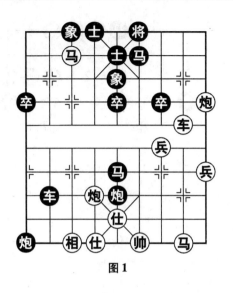

图1

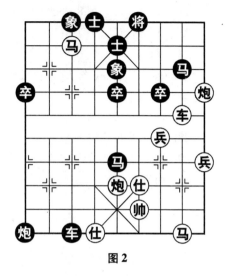

图2

第17局　黎德志胜陆峥嵘

（2011年广东鹤山市棋友杯象棋公开赛）

1. 马八进七　卒3进1
2. 兵三进一　马2进3
3. 马二进三　车1进1
4. 车九进一　车1平7
5. 马三进四　炮8进3
6. 马四退五　车7平4
7. 车一进一　马8进9
8. 车九平四　车4进4
9. 兵七进一！（图1）车4平3
10. 炮八进四　车3平7
11. 炮八平七　象3进5
12. 车四进七　士4进5
13. 车一平八　炮2退2
14. 车八进六　炮8退3
15. 相三进一　车7退1
16. 马七进六　车7平4
17. 马六进四　炮8平6
18. 马五进三　车9平8
19. 炮二进三　车4退2
20. 炮七平六　炮2平4
21. 炮六进三　马3退4

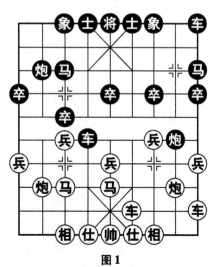

图1

22. 车八退一　车8进2
23. 车八平五　卒7进1
24. 马四进六　炮6平7?
25. 炮二平七!（图2）炮7进4
26. 炮七平六　车4平3
27. 炮六平五　马4进2
28. 车五平四　将5平4
29. 炮五进三　马2进4
30. 炮五平六

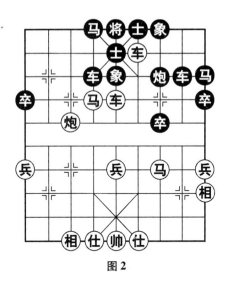

图2

第18局　孙勇征胜万春林

（2012年弈于东莞第5届杨官璘杯全国象棋公开赛）

1. 马八进七　卒3进1
2. 兵三进一　马2进3
3. 马二进三　车1进1
4. 车九进一　车1平7
5. 炮八进四　卒7进1
6. 炮八平七　象3进5
7. 马三进四　卒7进1
8. 马四进六　卒5进1
9. 马六进七　炮8平3
10. 炮七平五　士6进5
11. 车九平八　炮2平1?
12. 车八进六　炮3进4
13. 车八平九　车7进2
14. 车九退一　马8进7
15. 炮五平四　车9平8
16. 炮二平三　炮3进3
17. 仕六进五　卒7平6
18. 炮三进五　炮3平1
19. 车九平六　卒3进1
20. 兵九进一　车8进2?（图1）
21. 马七进九　卒3平2

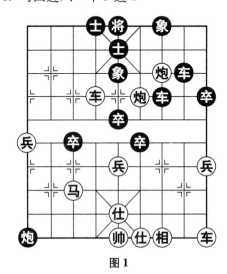

图1

22. 兵九进一　车 8 平 7
23. 马九进八　炮 1 平 2
24. 炮四平五　后车平 6
25. 车一进二　将 5 平 6
26. 车一平八　炮 2 平 1
27. 车八进二　卒 6 平 5
28. 炮五进二！（图 2）车 7 平 4
29. 马八进六　车 6 进 1
30. 炮五退三

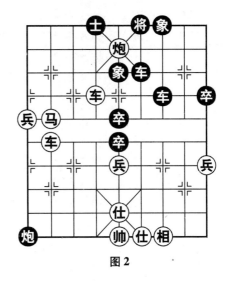

图 2

第 19 局　成海文负刘宗泽

（2013 年重庆首届学府杯象棋赛）

1. 马八进七	卒 3 进 1	2. 兵三进一	马 2 进 3
3. 马二进三	车 1 进 1	4. 车九进一	象 7 进 5
5. 车九平六	车 1 平 7	6. 炮八进四	卒 7 进 1
7. 兵三进一	车 7 进 3	8. 马三进四	马 3 进 2

9. 相三进五　士 6 进 5
10. 车六进四　卒 5 进 1
11. 车一平三　车 7 进 5
12. 相五退三　马 8 进 7
13. 炮二平四　车 9 平 8
14. 车六平五　炮 8 进 5
15. 相七进五　马 2 进 3
16. 炮八平六　马 3 进 1
17. 车五平六？（图 1）车 8 进 5
18. 马四进三　车 8 进 1
19. 马七进八　马 1 进 3
20. 车六退四　马 3 退 2
21. 车六平二　卒 3 进 1

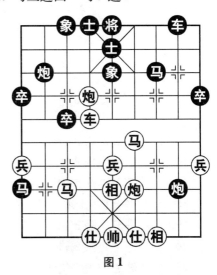

图 1

22. 马八进七　卒3平4
23. 马七进六　炮8平5！（图2）
24. 车二平六　炮5平2
25. 炮四平五　车8平5
26. 马三进一　前炮进2
27. 仕六进五　车5平3
28. 马一进三　将5平6
29. 马六退八　车3进3
30. 仕五退六　车3退6
31. 仕六进五　炮2退7

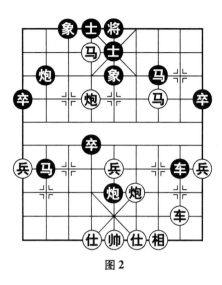

图2

第20局　郑惟桐胜王家瑞

（2013年晋江市第四届张瑞图杯象棋个人公开赛）

1. 马八进七　卒3进1
2. 兵三进一　马2进3
3. 马二进三　车1进1
4. 车九进一　车1平7
5. 炮八进四　卒7进1
6. 炮八平七　卒7进1
7. 炮七进三　士4进5
8. 车九平八　炮2进2
9. 兵九进一　象7进5
10. 炮七平九　士5进4
11. 马七进九　车7平1
12. 兵九进一　车1退1？
13. 兵九平八　马8进7
14. 车八进三　卒7进1
15. 马三退五　炮8进4
16. 炮二平九　炮8平5
17. 马五进七　炮5退2
18. 兵八平七！（图1）车1平2
19. 车八进五　马3退2
20. 车一进一　象5进3
21. 马九进七　炮5进1

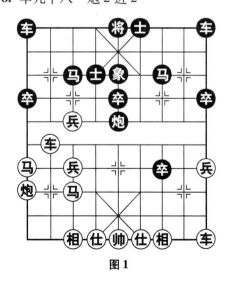

图1

22. 车一平四　士6进5?
23. 车四进三　炮5退1
24. 车四平三　马7进6
25. 车三进二!（图2）车9进2
26. 车三平五　炮5平4
27. 相七进五　车9平5
28. 车五平七　马6进4
29. 车七退一　炮4平6
30. 车七平六　马4进3
31. 车六平四　马3退5
32. 车四平七

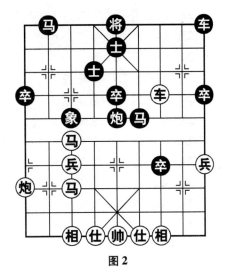

图2

第21局　谢丹枫负谢岿

（2008年弈于顺德松业杯全国象棋个人赛）

1. 马八进七　卒3进1
2. 兵三进一　马2进3
3. 马二进三　车1进1
4. 车九进一　车1平7
5. 炮八进四　卒7进1
6. 炮八平七　卒7进1
7. 炮七进三　士4进5
8. 车九平六　士5进6!（图1）
9. 车六平八　炮2进2
10. 车一进一　象7进5
11. 炮七平九　卒7进1
12. 马三退五　马8进7
13. 车一平四　车7平1
14. 炮九平八　马7进6
15. 兵七进一　炮8平7
16. 车四进三　车9平8
17. 炮二平四?　车8进8!（图2）
18. 兵七进一　车8平6
19. 相三进一　炮7平8
20. 马五进六　炮8进7
21. 相一退三　车6进1

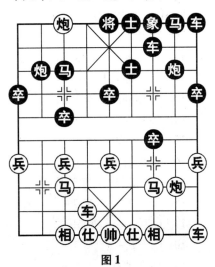

图1

22. 帅五进一　卒 7 进 1
23. 兵七平八　卒 7 平 6
24. 帅五平六　车 1 平 4
25. 车八进二　卒 6 进 1
26. 帅六进一　炮 8 退 2
27. 车四进一　炮 8 平 3
28. 车四进二　车 6 平 4
29. 帅六平五　后车进 5
30. 车八平六　车 4 退 3
31. 车四平五　将 5 平 4
32. 车五平七　车 4 进 1

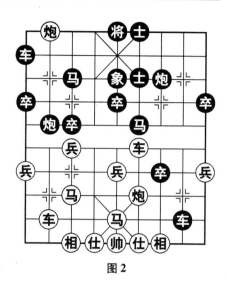

图 2

第 22 局　洪智胜许银川

（2011 年弈于台山伍氏兴隆杯象棋特级大师对抗赛）

1. 马八进七　卒 3 进 1
2. 兵三进一　马 2 进 3
3. 马二进三　车 1 进 1
4. 车九进一　车 1 平 7
5. 炮八进四　卒 7 进 1
6. 炮八平七　卒 7 进 1
7. 炮七进三　士 4 进 5
8. 车九平八　车 7 进 3
9. 炮七平九　炮 2 进 2
10. 兵九进一　卒 7 进 1
11. 马三退五　炮 8 进 4
12. 马七进九！（图 1）炮 8 平 5
13. 马五进六　车 9 进 2
14. 兵九进一　卒 3 进 1
15. 兵九平八　车 9 平 4
16. 兵八平七　车 4 进 4
17. 马九进七　炮 5 退 1
18. 前兵进一　车 7 平 4
19. 前兵进一　前车进 3
20. 帅五进一　卒 7 平 6
21. 马七进八　后车退 3

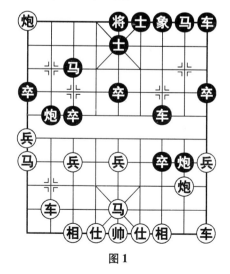

图 1

22. 炮二进六? 卒6平5
23. 相三进五 士5进6?
24. 马八进七!（图2）前车退2
25. 帅五平四 前车退3
26. 仕四进五 前车平6
27. 仕五进四 前卒平6
28. 车一进二 炮5平6
29. 车八进八 将5进1
30. 炮二平六 卒6进1
31. 帅四平五 炮6平5
32. 相五退三 卒6进1
33. 帅五进一

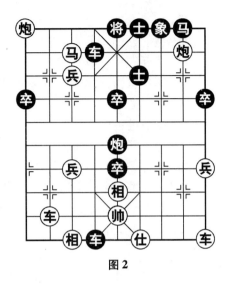

图2

第23局 张强胜尚威

（2008年北仑杯全国象棋大师冠军赛）

1. 马八进七 卒3进1		2. 兵三进一 马2进3
3. 马二进三 车1进1		4. 车九进一 马3进4
5. 车九平六 炮2进2		6. 炮八进二 炮8平3
7. 相三进五 马8进7		8. 炮八平六 象7进5

9. 车一平二 车9进1
10. 马三进二 车1平6
11. 马二进三 车6进5
12. 炮二进六 马4进6?
13. 马三退四 车6退1
14. 炮六进四!（图1）车9进1
15. 车六进六 炮3进4
16. 车六平五 士6进5
17. 车五平八 车6平2
18. 炮六平八 车2进2
19. 车八平三 车9平7
20. 炮八退六 卒3进1
21. 炮二平一 炮2平5

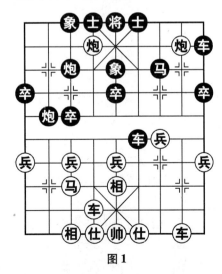

图1

22. 车二进九　　士 5 退 6
23. 炮一进一　　车 7 平 9
24. 兵五进一　　炮 5 平 9
25. 车二退四！（图 2）车 9 退 2
26. 兵一进一　　车 9 进 2
27. 兵一进一　　车 9 平 2
28. 炮八平九　　卒 3 平 4
29. 车二平七　　卒 4 进 1
30. 兵一进一　　车 2 进 3
31. 车七平六　　车 2 进 2
32. 马七退五　　卒 4 平 5
33. 马五进三

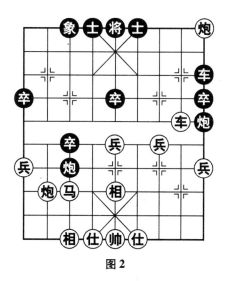

图 2

第 24 局　　孙勇征胜汪洋

（2013 年第 2 届重庆黔江杯全国象棋冠军争霸赛）

1. 马八进七　　卒 3 进 1
2. 兵三进一　　马 2 进 3
3. 马二进三　　车 1 进 1
4. 车九进一　　车 1 平 7
5. 炮八进四　　马 3 进 2
6. 马三进四　　象 7 进 5
7. 车九平六　　卒 7 进 1
8. 炮二平三　　车 7 平 3
9. 兵三进一　　卒 3 进 1
10. 车一平二　　马 8 进 6
11. 炮三平四　　车 9 进 1
12. 兵三进一　　卒 3 进 1
13. 马七退五　　车 3 进 2
14. 炮四进六　　车 3 平 2？
15. 炮四退二　　卒 5 进 1
16. 车二进五　　马 2 进 1
17. 炮四平五　　士 6 进 5
18. 马五进三　　车 9 平 7
19. 相三进五　　卒 9 进 1
20. 车二平五　　炮 8 平 6
21. 兵三平四　　炮 6 退 2

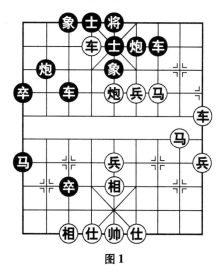

图 1

22. 马四进三　车2平3
23. 后马进二　卒3进1?
24. 车六进七　炮6进1
25. 车五平一!（图1）马1进2
26. 仕四进五　卒3进1
27. 马二进四　炮2平3
28. 马三进四　将5平6
29. 炮五进二!（图2）卒3平4
30. 车一进四　将6进1
31. 炮五平三　士4进5
32. 兵四进一　将6进1
33. 马四进六

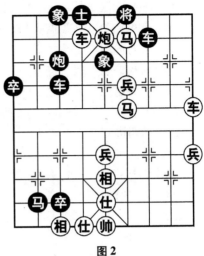

图2

第25局　　陈寒峰胜李群

（2008年惠州华轩杯全国象棋甲级联赛）

1. 兵三进一　卒3进1
2. 马二进三　马2进3
3. 马八进七　车1进1
4. 车九进一　车1平7
5. 炮八进四　马3进2
6. 马三进四　象7进5
7. 炮二平四　车7平4
8. 马七退五　马8进7
9. 车一平二　车9平8
10. 炮四平八　炮8进5
11. 后炮进二　炮8退2
12. 马五进三　炮8平6
13. 车二进九　马7退8
14. 马三进四　马8进6
15. 相三进五　车4进2
16. 兵五进一　卒7进1
17. 兵三进一　象5进7
18. 车九平三　马6进4
19. 车三进四　马4进2
20. 车三平七　炮2平5
21. 仕四进五　后马进4

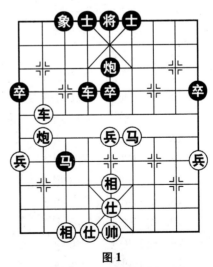

图1

22. 车七平八　马4进3?（图1）
23. 车八平七　马3退5
24. 车七进四　车4平2
25. 炮八平七　卒5进1
26. 车七退二　将5进1
27. 炮七进二!（图2）炮5平6
28. 马四进三　炮6进1
29. 马三进二　马5退7
30. 车七平三　车2平3
31. 车三退二　车3退1
32. 马二进四　车3平6
33. 马四退三　卒5进1
34. 车三平五

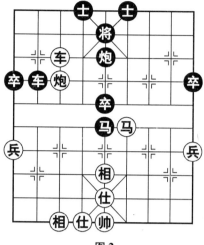

图2

第26局　申鹏胜朱晓虎

（2011年弈于鄂尔多斯伊泰杯全国象棋甲级联赛）

1. 马八进七　卒3进1
2. 兵三进一　马2进3
3. 马二进三　车1进1
4. 车九进一　象7进5
5. 炮二平一　马3进2
6. 炮八进二　炮2进3
7. 车九平八　炮2进2?
8. 车八进一　马2进3
9. 车一平二　马8进6
10. 车八进二　车9平8
11. 车二进四　车1平3
12. 车八平四　卒7进1
13. 兵三进一　炮8平7
14. 炮一平二!（图1）车8平7
15. 马三退五　象5进7
16. 车四进三　象3进5
17. 炮二进一　马3退4
18. 车四退二　马4退3
19. 相三进五　卒3进1
20. 相五进七　马6进4
21. 马七进六　马4进3

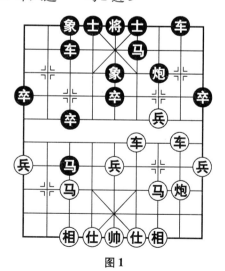

图1

22. 马五进四　象7退9

23. 相七进五　炮7进4

24. 车二进三　车3平5

25. 兵一进一　后马进2

26. 马六进七　象9进7

27. 车四进一！（图2）车7进3

28. 车二平四　车5平8

29. 前车进二　将5进1

30. 后车退一　车7退3

31. 前车平三　炮7退6

32. 马四进三　车8进3

33. 马七进五　马3退4

34. 车四平八　将5进1

35. 兵五进一　将5退1

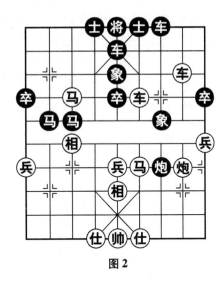

图2

36. 炮二平五

第27局　陈寒峰负周嘉鸿

（2009年弈于成都第1届全国智力运动会）

1. 马八进七　卒3进1

2. 兵三进一　马2进3

3. 马二进三　车1进1

4. 车九进一　马8进7

5. 车一进一　车9进1

6. 车九平六　车9平6

7. 车六进五　车6进3

8. 兵五进一　马3退5！（图1）

9. 车六退五　炮2平5

10. 马七进五　马5进3

11. 炮八平五　炮8进4！（图2）

12. 车一平四　车1平6

13. 车四进四　车6进3

14. 兵五进一　车6进2

15. 马五进六　炮5进2

16. 仕六进五　马3进4

17. 车六进四　士4进5

18. 马三进二　车6平3

19. 相七进九　车3平7

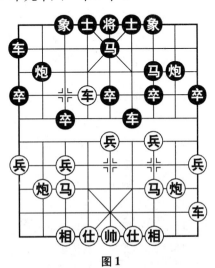

图1

20. 帅五平六　象3进5

21. 炮五进四　马7进5

22. 车六平五　马5退3

23. 炮二平五　车7进3

24. 车五平七　车7退4

25. 车七退一　卒7进1

26. 马二进一　马3进5

27. 车七平三　卒7进1

28. 炮五进三　炮8平4

29. 相九进七　炮4退3

30. 马一进二　卒7平6

31. 炮五退三　马5进4

32. 帅六平五　马4进6

33. 马二退四　将5平4

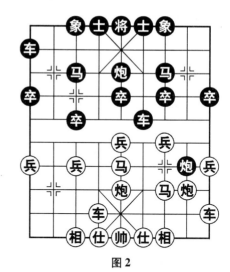

图2

34. 马四退五　卒6平5

35. 仕五退六　炮4平2

36. 相七退九　炮2平8

第28局　王天一胜黎德志

(2010年江苏省第19届金箔杯象棋公开赛)

1. 马八进七　卒3进1

2. 兵三进一　马2进3

3. 马二进三　车1进1

4. 车九进一　车1平7

5. 炮八进四　马3进2

6. 马三进四　象7进5

7. 炮二平四　卒7进1

8. 兵三进一　车7进3

9. 车一平二　车7进1

10. 马四进六　马8进6

11. 车九平六　车9平7

12. 相三进五　前车进1（图1）

13. 仕六进五　士6进5

14. 马六进四　前车平6

15. 马四进二　马6进8

16. 车二进六　卒9进1

17. 车六进七　车7进2

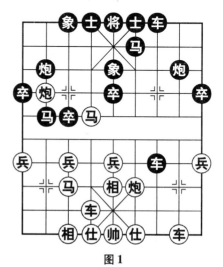

图1

18. 炮四平二 车6退2
19. 炮八平七 象5退7?
20. 车六平七!（图2）象3进1
21. 车七平八 车7平3
22. 炮二进五 炮2平8
23. 车二进一 车3进1
24. 车八退三 象1退3
25. 兵七进一 象3进5
26. 车二退三 车6平4
27. 车二平六 车4进1
28. 马七进六 车3平4
29. 马六进四 车4进1
30. 马四进二 车4平8
31. 马二进三 将5平6

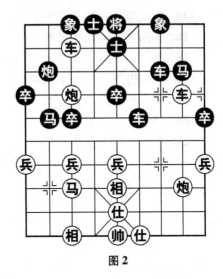

图2

32. 兵七进一 象5进3
33. 车八退一 士5进6
34. 车八平四 士4进5
35. 马三退四 车8平4
36. 马四退三 车4进2
37. 车四平九

第29局 万春林负蒋川

（2010年弈于石家庄藏谷私藏杯全国象棋个人赛）

1. 马八进七 卒3进1
2. 兵三进一 马2进3
3. 马二进三 车1进1
4. 车九进一 马8进9
5. 车九平六 车9进1
6. 相三进五 象3进5
7. 兵七进一 卒3进1
8. 相五进七 车9平4
9. 车一进一 炮2退2
10. 马三进二 炮8平6
11. 车六进七 车1平4
12. 车一平四 士4进5
13. 相七进五 车4进3

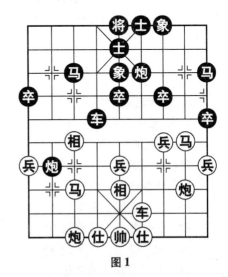

图1

14. 炮八退二	卒9进1	15. 炮八平七	炮2进6！（图1）
16. 车四平一	马9进8	17. 炮二进三	车4平8
18. 马二退三	车8进3	19. 马三进四	车8平6
20. 马四进三	炮2平4！	21. 车一平六	炮4平9
22. 车六平二	卒9进1	23. 仕四进五	车6退3
24. 马三进二	炮6平7		
25. 车二进六	炮9平7		
26. 马七进六？（图2）	车6平4		

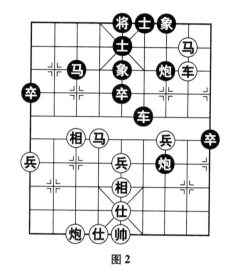

图2

27. 马六退七　马3进2
28. 车二退一　前炮进1
29. 马七进八　车4平5
30. 车二退三　后炮退1
31. 兵五进一　车5进1
32. 车二进二　车5退1
33. 车二平五　卒5进1
34. 炮七平九　马2进4
35. 马八进九　马4进6
36. 炮九进一　马6退8
37. 仕五进四　前炮进1

第30局　阎文清胜卜凤波
（2008年惠州华轩杯全国象棋甲级联赛）

1. 马八进七	卒3进1	2. 兵三进一	马2进3
3. 马二进三	车1进1	4. 车九进一	车1平7
5. 炮八进四	卒7进1	6. 炮八平七	卒7进1
7. 炮七进三	士4进5	8. 车九平八	炮2进2
9. 兵七进一	卒3进1	10. 炮七退五	车7进3
11. 马三退五	卒7进1	12. 马七进六	马8进7
13. 马五进七	炮2平3	14. 相七进五	卒7进1
15. 炮二进四	车7退1	16. 炮七进三	炮8平3
17. 车一平二	后炮进5	18. 马六退七	车9平8
19. 炮二进二	车7进3？	20. 炮二平三！（图1）	车8进9
21. 炮三退五	马7进8	22. 炮三进一	车8退3

23. 车八进四　炮3退2　　　24. 马七进八　马8进9

25. 马八进六　车8退4　　　26. 炮三平五！（图2）炮3平5

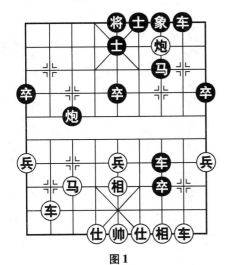

图1

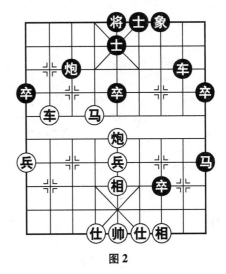

图2

27. 车八进四　士5退4　　　28. 炮五平七　炮5平4

29. 炮七进五　士4进5　　　30. 炮七退六　士5退4

31. 炮七平一　车8进4　　　32. 炮一进一　车8退1

33. 车八退五　车8平2　　　34. 马六退八　炮4平1

35. 马八退七　卒9进1　　　36. 炮一平六　卒9进1

37. 相五进三　卒9进1　　　38. 炮六退一

第31局　黎德志负李少庚

（2011年重庆棋友会所庆中秋象棋公开赛）

1. 马八进七　卒3进1　　　2. 兵三进一　马2进3

3. 马二进三　车1进1　　　4. 车九进一　车1平7

5. 马三进四　炮8进3　　　6. 马四退五　象7进5（图1）

7. 车九平六　炮8退3　　　8. 炮八进四　卒7进1

9. 炮二平三　炮8平7　　　10. 炮八平七　卒7进1

11. 炮三进五　马8进7　　　12. 车六平八　炮2平1

13. 车八进六　马3退5　　　14. 车一进一　马7进6

15. 车一平六　马5进7　　　16. 车八平六　炮1退2

17. 前车平七　车9进1　　　18. 兵七进一　卒3进1

19. 相七进九　车7平1！（图2）　　**20.** 相九进七　车1进1

21. 车七平九　象3进1　　**22.** 炮七进一　车9平3

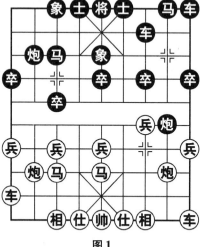

图1

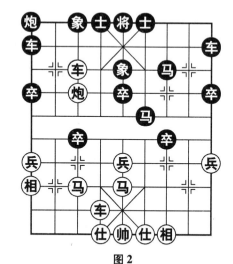

图2

23. 炮七平三　马6退7　　**24.** 车六进三　马7进6

25. 车六平三　马6退4　　**26.** 车三平六　马4进3

27. 马五进三　象1退3　　**28.** 马三进四　马3进2

29. 马七进八　炮1进6　　**30.** 马八退九　车3平6

31. 马四进二　炮1平9　　**32.** 马九进八　士6进5

33. 车六平一　车6进5　　**34.** 马八退七　炮9平5

35. 马二进三　将5平6　　**36.** 马七进五　车6平5

37. 仕六进五　士5进6　　**38.** 车一进二　象5退7

第32局　许银川和王天一

（2012年第2届温岭·长屿硐天杯全国象棋国手赛）

1. 马八进七　卒3进1　　**2.** 兵三进一　马2进3

3. 马二进三　车1进1　　**4.** 车九进一　车1平7

5. 炮八进四　马3进2　　**6.** 马三进四　象7进5

7. 炮二平五　车7平4　　**8.** 车一进一　马8进6

9. 车九平六　车4平3　　**10.** 马四进三　炮8平7

11. 车一平四　车9进1　　**12.** 车四进五　士6进5

13. 炮五平四　车3进2　　**14.** 炮四进六　车3平2！（图1）

15. 车六平二　车9退1
16. 炮四平二　马2进3
17. 相三进五　车2进4
18. 炮二退六　炮2平3
19. 马三退二　炮7平8
20. 炮二进五　炮3平8
21. 车二平七　卒9进1
22. 马七进五！（图2）马3退4
23. 车四平五　马4进6
24. 车五退二　车9平6
25. 马五进三　马6进7
26. 马二退三　车6进7
27. 车七平二　炮8平6
28. 车二进八　炮6退2
29. 马三进二　车2退4
30. 车五进一　车6平8
31. 兵三进一　车8退1
32. 车二退四　车8平9
33. 仕六进五　车9平8
34. 马二进四　车8退2
35. 兵三平二　卒9进1
36. 车五平六　车2平5
37. 兵五进一　车5进2
38. 马四进六　炮6进1
39. 车六平四　车5退2

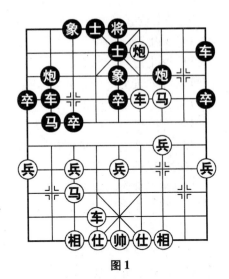

图1

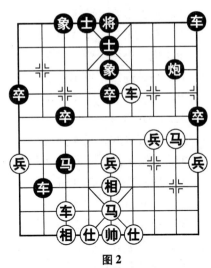

图2

第33局　卜凤波胜杨德琪

（2006年深圳西乡引进杯全国象棋个人赛）

1. 马八进七　卒3进1
2. 兵三进一　马2进3
3. 马二进三　车1进1
4. 车九进一　车1平7
5. 炮二退一　炮2平1
6. 车九平六　车7平2
7. 炮八平九　象7进5
8. 兵五进一　马8进7

9. 马七进五   车 2 进 6
10. 兵七进一   士 6 进 5
11. 兵七进一   象 5 进 3
12. 车六进五   马 3 进 2
13. 炮二平七   炮 1 平 3
14. 车一平二！（图 1）象 3 退 1
15. 车六平七   车 9 平 6
16. 相三进五   车 6 进 6
17. 车二进六   炮 3 平 5
18. 车七平八   车 2 进 1
19. 炮七平一   马 2 进 3
20. 车八退五   马 3 进 2
21. 仕四进五   马 2 退 3

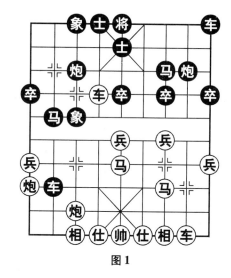

图 1

22. 炮九平六   炮 5 平 2
24. 车二平三   象 3 进 5
26. 炮一进一   炮 2 进 7
28. 马三进二   象 1 退 3
30. 车三平五   士 4 进 5
31. 车五退一   马 3 进 4
32. 车五平八   马 4 退 2
33. 车八平六   车 6 平 9
34. 炮六进二   车 9 进 1
35. 仕五退四   炮 8 进 2
36. 相五退三   马 2 进 3
37. 炮六平五   将 5 平 4
38. 马五退六！（图 2）炮 2 平 1
39. 车六平七   马 3 退 1
40. 仕六进五   士 5 进 6
41. 马二进三

23. 炮六进一   车 6 进 2
25. 炮一进五   炮 8 进 5
27. 炮一平五   士 5 进 4?
29. 车三进一   象 3 进 5

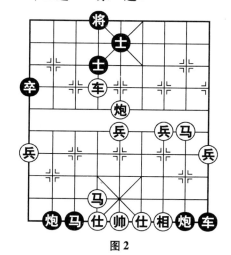

图 2

第 34 局   吕钦胜王跃飞

（2011 年弈于武汉第 2 届全国智力运动会）

1. 马八进七   卒 3 进 1   2. 兵三进一   马 2 进 3

3. 马二进三　车1进1

4. 车九进一　车1平7

5. 炮八进四　卒7进1

6. 炮八平七　卒7进1

7. 炮七进三　士4进5

8. 车九平八　卒7进1

9. 马三退五　炮2进2

10. 车八进三　车7进3

11. 兵七进一　卒3进1

12. 车八平七　马8进7

13. 马七进六　卒7进1

14. 炮二进四　卒9进1

15. 马五进四　车7进2

16. 车七平八　车9进3?

17. 马六进八　车9平8

18. 马八进九!（图1）车7平6

19. 马九进七　将5平4

20. 车八平六　马3进4

21. 车六进一　士5进4

22. 车六平八　车8进1

23. 车八进四　将4进1

24. 炮七平三　卒7平6

25. 马七退九　将4平5

26. 车八退一　将5进1

27. 相三进五　士6进5

28. 炮三平七　将5平6

29. 车一平三　卒6平7

30. 仕六进五　车8平7

31. 车三平二　炮8进5

32. 车八退四　马7进8

33. 炮七退二　将6退1

34. 炮七进一　将6进1

35. 兵一进一　马8进7

36. 车八平二　车7平8

37. 前车平三　士5退4

38. 炮七平九!（图2）炮8平5

39. 相七进五　车8进5

40. 车三进三　将6退1

41. 马九进七

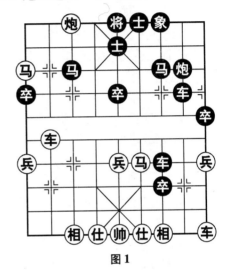

图1

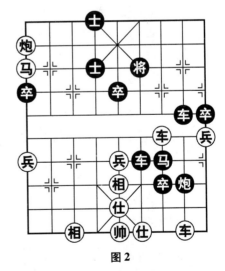

图2

第35局 金波负徐超

(2012年弈于呼和浩特伊泰杯全国象棋甲级联赛)

1. 马八进七　卒3进1
2. 兵三进一　马2进3
3. 马二进三　车1进1
4. 车九进一　车1平7
5. 炮八进四　卒7进1
6. 炮八平七　象3进5
7. 车九平八　炮2退2
8. 马三进四　炮2平3
9. 炮七进三　象5退3

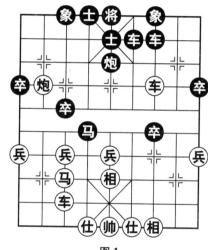

10. 炮二平五　卒7进1
11. 车一平二　炮8平5
12. 马四进五　马3进5
13. 炮五进四　士6进5
14. 车二进六　车7平6
15. 相七进五　马8进7
16. 炮五平八　马7进6
17. 车八平四?　车9进1
18. 车二平三　马6进4
19. 车四平七　车9平7!（图1）
20. 车三进二　车6平7
21. 兵七进一　卒3进1
22. 马七进六　卒3平4
23. 车七进八　车7进2
24. 炮八退二　士5进6
25. 车七退四　士4进5
26. 仕四进五　卒7进1
27. 车七进四　士5退4
28. 炮八进五　车7平2
29. 炮八平六　卒7平6
30. 炮六平三　将5进1
31. 车七退一　将5退1
32. 车七进一　将5进1
33. 车七退一　将5退1
34. 车七退一　车2平5

图1

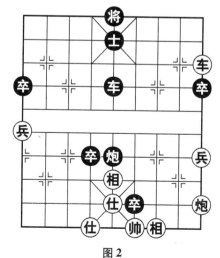

图2

35. 炮三退八　卒4进1　　　　**36.** 兵九进一　士6退5

37. 炮三平一　炮5进4　　　　**38.** 车七平一　卒6进1

39. 帅五平四　卒6进1！（图2）　**40.** 帅四进一　车5平6

41. 仕五进四　将5平6

第36局　黎德志胜刘宗泽

（2013年弈于广州锦龙杯象棋个人公开赛）

1. 马八进七　卒3进1　　　　**2.** 兵三进一　马2进3

3. 马二进三　车1进1　　　　**4.** 车九进一　象7进5

5. 车九平六　车1平6　　　　**6.** 车六进三　车6进3

7. 炮二平一　马8进7　　　　**8.** 车一平二　车9平8

9. 车二进六　卒7进1　　　　**10.** 车二平三　车8平7

11. 兵三进一　车6平7　　　　**12.** 车三退一　象5进7

13. 马三进二　象7退5

14. 炮八进四　马3进2？（图1）

15. 马二进三　士6进5

16. 车六平二　车7平8

17. 相七进五　炮8平9

18. 车二进五　马7退8

19. 炮一进四　炮9进4

20. 炮一平五　卒1进1

21. 炮五退一　马2进3

22. 炮八平七　马3退4

23. 仕六进五　马8进7

24. 炮七平九　将5平6

25. 马七进六　象5进7

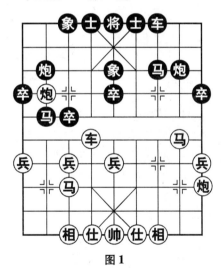

图1

26. 马六进四　马4退5　　　　**27.** 马四进五　象7退5

28. 炮九进三　象5进7　　　　**29.** 炮五平九　炮9平7

30. 马三退五　马7进6　　　　**31.** 马五进四　马6进5

32. 马四退六　炮2平4　　　　**33.** 马六退五　炮7平9

34. 马五进三　马5进3　　　　**35.** 后炮平八　炮4平2

36. 马三进五　马3退1　　　　**37.** 炮八退二　炮9平3

38. 马五退七　炮2平5　　　　**39.** 炮八进六　马1进2

40. 马七进五　炮3平5

41. 炮九平七　将6进1

42. 炮七退一　士5进4？（图2）

43. 炮八退一

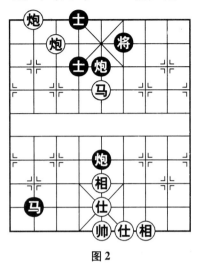

图2

第37局　陈翀负李晓晖

（2012年弈于石家庄伊泰杯全国象棋甲级联赛）

1. 马八进七　卒3进1

2. 兵三进一　马2进3

3. 马二进三　车1进1

4. 车九进一　车1平7

5. 炮八进四　卒7进1

6. 炮八平七　卒7进1

7. 炮七进三　士4进5

8. 车九平八　炮2进2

9. 兵七进一　卒3进1

10. 炮七退五　卒7进1

11. 马三退五　卒7进1

12. 炮七进二　炮2平5

13. 炮二进二　卒7平6

14. 兵五进一？炮5平9！（图1）

15. 相三进一　炮8平5

16. 车一平三　车9进1

17. 炮二平三　炮5进3

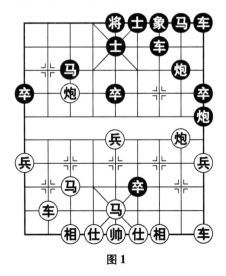

图1

18. 马五进六	车 7 平 6	19. 车八进三	炮 9 平 5
20. 马六进五	卒 5 进 1	21. 炮七平三	象 7 进 9
22. 后炮平一	卒 6 平 5	23. 仕六进五	前卒进 1
24. 帅五进一	车 9 平 7	25. 炮三退二	车 6 进 6
26. 车八平七	车 7 进 1	27. 车七进二	卒 9 进 1
28. 炮一进三	马 8 进 9	29. 车七进一	车 7 进 1
30. 车七进二	士 5 退 4		
31. 车七退四	士 6 进 5		
32. 马七进六	车 7 平 2		
33. 车七平八	车 2 进 1		
34. 马六进八	马 9 进 7		
35. 炮三进一	车 6 平 3		
36. 帅五平四	车 3 进 1？（图 2）		
37. 仕四进五	车 3 退 5		
38. 炮三平二	炮 5 平 2		
39. 车三进五	卒 5 进 1		
40. 炮二进一	炮 2 进 3		
41. 仕五进六	马 7 退 6		
42. 车三进四	士 5 退 6		
43. 炮二进二	车 3 平 8		

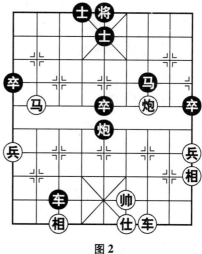

图 2

第 38 局　黄仕清负申鹏

（2013 年弈于北京 QQ 游戏天下棋弈全国象棋甲级联赛）

1. 马八进七	卒 3 进 1	2. 兵三进一	马 2 进 3
3. 马二进三	车 1 进 1	4. 车九进一	车 1 平 7
5. 马三进四	炮 8 进 3	6. 兵三进一？（图 1）	卒 7 进 1
7. 炮二平三	马 8 进 7	8. 车一平二	车 9 平 8
9. 相三进五	车 7 平 6	10. 马四进三	炮 8 进 2
11. 炮八进四	马 3 进 4	12. 车九平六	马 4 进 6
13. 车六平三	车 6 平 4	14. 车二进一	车 4 进 2
15. 炮八退二	象 3 进 5	16. 兵五进一	马 6 退 7
17. 炮三进四	卒 5 进 1（图 2）	18. 车三进一	车 4 平 7
19. 车三平二	车 8 进 7	20. 车二进一	卒 5 进 1

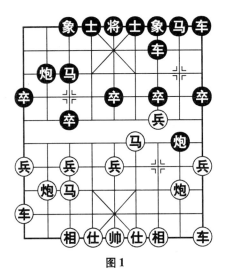

图1

图2

21. 车二进二	车7平5	22. 炮八退三	马7进6
23. 炮八平五	马6退4	24. 兵七进一	卒3进1
25. 相五进七	车5平6	26. 相七退五	卒5平6
27. 马七进八	卒6进1	28. 马八进六	车6进1
29. 马六进八	士6进5	30. 车二进二	马4进2
31. 炮五平九	卒6进1	32. 仕四进五	卒6进1
33. 车二退五	车6退1	34. 马八退六	车6平4
35. 马六退四	卒6平5	36. 仕六进五	马2进1
37. 车二进二	炮2进7	38. 相七进九	马1进3
39. 炮九平七	车4进5	40. 马四退六	卒1进1
41. 帅五平四	卒1进1	42. 相九进七	卒1进1
43. 帅四进一	炮2退3		

第39局 赵庆阁胜于幼华

(1987年弈于北京南北国手对抗赛)

1. 马八进七	卒3进1	2. 兵三进一	马2进3
3. 马二进三	车1进1	4. 车九进一	象7进5
5. 车九平四	马8进7	6. 车四进三	车1平4
7. 兵七进一	马3进4	8. 车四平六	卒3进1
9. 车六平七	车9进1	10. 车七进五!	炮2平3
11. 马七进八	车4进1	12. 车七平八	马4进3

13. 炮八平七　炮 3 平 2 14. 炮二进一　马 3 退 2

15. 炮七平八　炮 8 进 2 16. 炮八进三　炮 8 平 5

17. 仕四进五　炮 2 进 3 18. 炮八平七　炮 2 退 4

19. 炮七平八　车 9 平 6

20. 车一平二　炮 2 平 3

21. 兵五进一　炮 5 平 3

22. 相三进五　车 6 进 5

23. 车八退一　车 4 平 3?

24. 炮二进五!（图 1）车 6 平 7

25. 炮八退三　前炮进 4

26. 车二进七　前炮平 4

27. 相七进九　象 5 退 7

28. 炮八平六　炮 3 平 5

29. 车八平七!（图 2）车 3 平 4

30. 车七退七　卒 5 进 1

31. 车七平六　卒 5 进 1

32. 相九进七　卒 5 进 1

33. 炮二平三　卒 5 进 1

34. 相七退五　车 4 平 5

35. 炮三退二　炮 5 进 6

36. 仕五退四　车 7 平 6

37. 炮三进三　士 6 进 5

38. 炮三平一　将 5 平 6

39. 炮六进六　士 5 进 4

40. 车二进二　将 6 进 1

41. 车二退一　将 6 退 1

42. 炮六平三　车 6 进 1

43. 炮三进一　马 7 退 8

44. 炮三退三

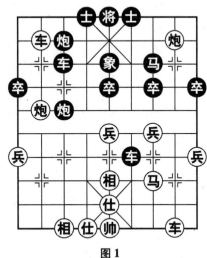

图 1

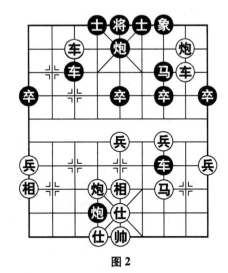

图 2

第 40 局　周平荣胜许国义

（2011 年东莞凤岗季度象棋公开赛）

1. 马八进七　卒 3 进 1 2. 兵三进一　马 2 进 3

3. 马二进三　车1进1

4. 车九进一　车1平7

5. 炮八进四　卒7进1

6. 炮八平七　卒7进1

7. 炮七进三　士4进5

8. 车九平八　卒7进1

9. 马三退五　车7进4

10. 相三进一　车7退1

11. 炮七平九　炮2进2

12. 兵九进一　炮8进4

13. 车八进三　马8进7

14. 兵七进一　象7进5

15. 车一平三　马7进6

16. 兵七进一　象5进3

17. 马五进六　马6退4

18. 炮二平六　马4退2

19. 炮九平八　象3退1?

20. 炮八退四　马3进2

21. 马七进六!（图1）前马进4

22. 车八进三　马4进6

23. 车八进二　士5退4

24. 车八平六　将5进1

25. 车六退三　车9进2

26. 马六进八　卒7进1

27. 马八进六　马6进7

28. 车三进一　卒7进1

29. 马六进四　车9平6

30. 车六平五　将5平6

31. 炮六平四　炮8进3

32. 相一退三　卒7平6

33. 马四退五!（图2）车6进5

34. 马五进三　象1进3

35. 车五平二　将6平5

36. 车二退六　卒6进1

37. 帅五进一　象3退5

38. 马三进一　车6退1

39. 相三进五　将5退1

40. 马一退二　车6平9

41. 车二平四　车9平5

42. 马二进四　车5退1

43. 马四进六　车5平4

44. 车四进六

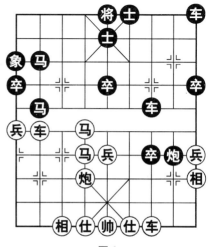

图1

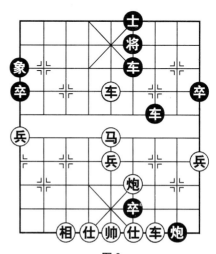

图2

第41局 刘宗泽负柳大华

（2007年弈于武汉獒王杯湖北象棋大奖赛）

1. 马八进七　　卒3进1　　　　2. 兵三进一　　马2进3
3. 马二进三　　车1进1　　　　4. 车九进一　　象7进5
5. 炮二平一　　炮8进4　　　　6. 相七进五　　马8进7
7. 车一平二　　炮8平3　　　　8. 车二进七　　车9平7
9. 车九平六　　炮2平1
10. 炮八进四　　车1平2
11. 炮八平三　　车7平8！（图1）
12. 车六平二　　车8进2
13. 车二进六　　马3进2

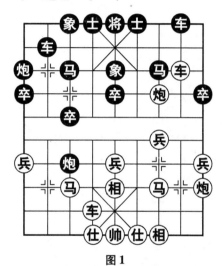

图1

14. 马三进二　　卒3进1
15. 相五进七　　马2进4
16. 相三进五　　马4进6
17. 马二进一　　马6退5？
18. 马一进三　　马5退7
19. 兵三进一　　马7进5
20. 兵五进一　　马5退3
21. 兵三进一　　卒5进1
22. 车二退四　　车2进5
23. 车二平四　　士4进5
24. 仕四进五　　炮1进4
25. 帅五平四　　炮1进3
26. 帅四进一　　炮3平4
27. 仕五进六　　卒5进1
28. 炮一平二　　将5平4？
29. 炮二进七　　将4进1
30. 车四进五？　炮4平6
31. 车四退二　　马3进5
32. 车四平六　　士5进4
33. 车六平九　　炮6退5！（图2）
34. 马三进四　　将4平5

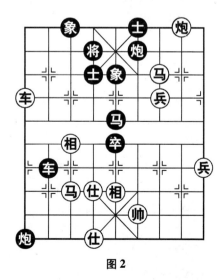

图2

35. 炮二退一 将5退1	36. 车九进二 马5退7
37. 车九退八 将5平6	38. 炮二退三 马7进8
39. 车九进三 车2退2	40. 炮二进一 马8进7
41. 仕六进五 车2平6	42. 仕五进四 炮6进6
43. 帅四平五 炮6平4	44. 帅五平六 炮4退4

第42局　金海英负陈丽淳

(2011年第1届重庆黔江杯全国象棋冠军争霸赛)

1. 马八进七 卒3进1	2. 兵三进一 马2进3
3. 马二进三 车1进1	4. 车九进一 象7进5
5. 车九平六 车1平6	6. 车六进三 马8进7
7. 仕四进五 车6进3	8. 兵七进一 卒7进1
9. 相三进五 士6进5	10. 车一平四 车9平6
11. 马三进四 炮8进3?	12. 兵三进一 象5进7
13. 马四进二 炮8进1	14. 车四进五 马7进6
15. 车六平三 卒3进1	16. 车三平七 车6进2
17. 炮二平四 车6平8	18. 炮四平二 车8平6
19. 炮二平四 车6平8	20. 炮四平二 车8平6
21. 炮八进四 马3进4	22. 车七进二 马6进5
23. 炮八平五 炮2平5	24. 炮五退二 马4退6
25. 马七进五 马6进5	
26. 车七平五 车6进4	
27. 马五进七 马5退6	
28. 马二进三 炮8退3	
29. 马七进八!（图1）士5进6	
30. 马八进七 将5进1	
31. 车五退一 马6进7	
32. 车五进一 炮8退2	
33. 马七退五 象7退5	
34. 炮二进三 将5退1	
35. 车五平一 炮8平7	
36. 炮二平八? 马7退5	
37. 仕五进六 车6平8	

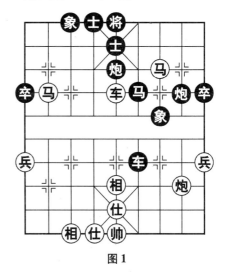

图1

38. 仕六进五　马5进6
39. 车一平六？（图2）车8退4
40. 马三退四　车8进7
41. 仕五退四　马6进7
42. 帅五进一　车8平6
43. 马四进二　炮7平6
44. 马二进三？车6退1

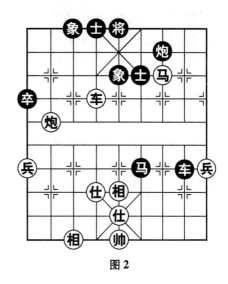

图2

第43局　宗永生胜才溢

（2011年句容茅山·碧桂园杯全国象棋个人赛）

1. 马八进七　卒3进1　　　2. 兵三进一　马2进3
3. 马二进三　车1进1　　　4. 车九进一　车1平7
5. 马三进四　炮8进3　　　6. 马四退五　象7进5
7. 车九平六　车7平6　　　8. 车六进五　炮8退3
9. 炮八进四　马8进9
10. 兵一进一　车6进3
11. 车一进三　炮8平6
12. 车一平二　士6进5
13. 炮八平五　车6退1
14. 车六平八　车6平5？（图1）
15. 车八进一　马9退7
16. 车八退三　卒7进1
17. 兵三进一　象5进7
18. 兵七进一　卒3进1
19. 车八平七　象7退5
20. 马七进六　马3进4
21. 车二进二　车5平4

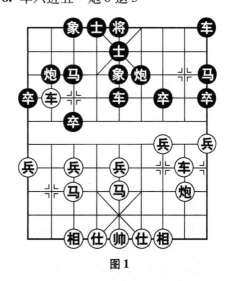

图1

22. 马六进四　车4平7

23. 兵五进一　马4退6

24. 兵五进一　车7进6

25. 车二退一　车7退5

26. 车七平三　车7进1

27. 车二平三　炮6退2

28. 马五进六　车9平8

29. 炮二平五　车8进4

30. 兵五进一！（图2）马7进8

31. 车三进二　炮6进4

32. 马六进四　马6退7

33. 马四进二　马7进8

34. 兵五进一　将5平6

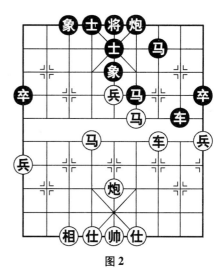

图 2

35. 车三平四　将6平5

36. 车四平三　将5平6

37. 车三平四　将6平5

38. 兵五进一　将5进1

39. 车四平五　将5平6

40. 炮五平四　象3进5

41. 车五进一　车8进3

42. 仕四进五　士4进5

43. 炮四退二　车8退1

44. 车五退一　马8进7

45. 车五平四　士5进6

46. 车四平三

第44局　李来群胜张元启

（1984年弈于广州全国象棋个人赛）

1. 马八进七　卒3进1

2. 兵三进一　马2进3

3. 马二进三　车1进1

4. 车九进一　车1平7

5. 马三进二　马8进9

6. 车九平六　卒7进1

7. 炮二平三　炮8平7

8. 马二进一　卒7进1

9. 炮三进五　炮2平7

10. 车六进六　马9退8

11. 车六平七　车9进3

12. 车七进二　车7平2

13. 炮八平九　卒5进1

14. 车一平二　车2进6

15. 马七退五　炮7平5

16. 马五进六　炮5进4

17. 马六进七！（图1）车2平5

18. 仕六进五　车5平3

19. 仕五进六　车3平4

20. 车二进三　车9平4

21. 炮九退二　前车平5

22. 仕四进五　车5平3

23. 仕五进六　车3进2
24. 帅五进一　车3平1？
25. 车二平五　车4进1
26. 马七退六！（图2）车4平2
27. 车五进二　车2平5
28. 马六进五　车1退1
29. 帅五退一　车1进1
30. 帅五进一　车1退1
31. 帅五退一　车1进1
32. 帅五进一　车1平6
33. 相三进五　车6退8
34. 马五退三　马8进9
35. 车七退四　车6平4
36. 兵七进一　车4进6
37. 车七平五　士4进5
38. 兵七进一　马9进7
39. 车五平六　车4平1
40. 马三进四　车1进1
41. 帅五退一　车1进1
42. 相五退七　象7进5
43. 马四进三　马7退6
44. 车六平四　士5进6
45. 车四进二　将5进1
46. 帅五平四

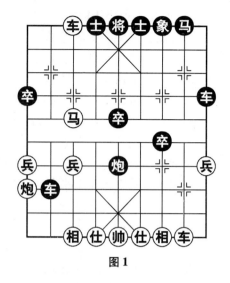

图1

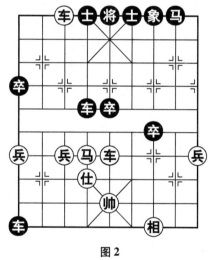

图2

第45局　赵利琴负陆峥嵘

（2002年弈于宜春全国象棋个人赛）

1. 马八进七　卒3进1
2. 兵三进一　马2进3
3. 马二进三　车1进1
4. 车九进一　车1平7
5. 炮八进四　卒7进1
6. 炮八平七　卒7进1
7. 炮七进三　士4进5
8. 炮七平九　炮2进2

9. 兵九进一　马8进7

10. 车一进一　卒7进1

11. 兵九进一　卒7进1？

12. 兵九平八　士5进4

13. 炮二进二　卒3进1

14. 兵八进一？（图1）车7平1

15. 炮九退三　卒3进1

16. 兵八进一　马3进4

17. 炮二平九　车1平3

18. 车一平八　车9进1

19. 车八进四　马4进6

20. 兵八平七　车3平2

21. 车九平八？　马6进8！

22. 仕六进五　车2进3

23. 车八进四　马8进7

24. 帅五平六　车9平4！（图2）

25. 车八进四　将5进1

26. 车八退五？　卒3进1

27. 车八平七　炮8退1

28. 车七退二　将5退1

29. 前炮平六　士4退5

30. 炮六退五　后马进6

31. 车七进一　车4进4

32. 炮九进五　车4平1

33. 炮九平八　车1平2

34. 炮八平九　车2平1

35. 炮九平八　车1退5

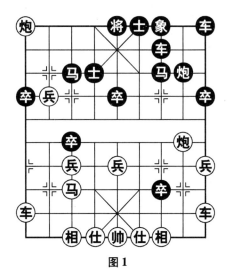

图 1

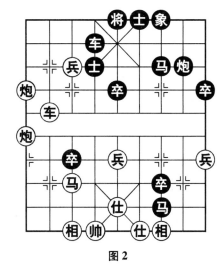

图 2

36. 炮八退七　炮8平7

37. 仕五进六　马7进9

38. 相三进一　卒7进1

39. 兵五进一　卒7平6

40. 仕四进五　卒6平5

41. 仕六退五　象7进5

42. 炮八平五　车1进3

43. 相一进三　炮7进2

44. 兵七进一　炮7退2

45. 仕五进六　车1退2

46. 兵七平六　炮7平4

47. 炮五进四　马6进4

48. 炮六进三　车1进4

49. 炮六退一　马9退7

50. 兵五进一　车1平4

第46局　黎德志负李鸿嘉

（2012年顺德区乐从镇会长杯象棋公开赛）

1. 马八进七　卒3进1	2. 兵三进一　马2进3
3. 马二进三　车1进1	4. 车九进一　象7进5
5. 车九平六　车1平7	6. 炮二平一　卒7进1
7. 车一平二　马3进2	8. 炮八进五　炮8平2
9. 车二进六　马8进6	
10. 车六进七　马2进3	
11. 马三进四　卒7进1	
12. 马四进五　车7进2？	
13. 车二平三　马6进7	
14. 马五进七　士6进5	
15. 车六平八　炮2平1	
16. 车八退五　卒3进1	
17. 相七进五　马3进5	
18. 相三进五　车9平8	
19. 相五进三？（图1）车8进7	
20. 后马退五　马7进5	
21. 兵五进一　马5进7	
22. 车八平三　车8平9	
23. 车三进一　车9平5！	
24. 马七退八　炮1平2	
25. 车三进二　象5进3！（图2）	
26. 车三平九　炮2平8	
27. 车九平二　炮8平7	
28. 车二平三　炮7平8	
29. 兵九进一　卒3平2	
30. 马八进七　炮8进7	
31. 车三退六　炮8退3	
32. 车三进三　炮8进3	
33. 车三退三　炮8退3	
34. 车三进二　车5退2	

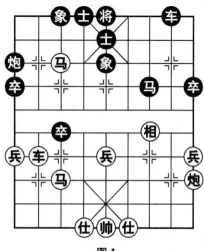

图1

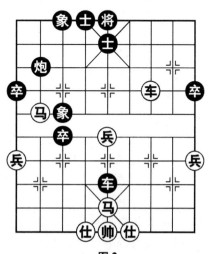

图2

35. 马七退六	炮8平2	36. 车三平八	车5退1
37. 马六退七	炮2平9	38. 车八平一	炮9平8
39. 车一平二	炮8平7	40. 车二平三	炮7平8
41. 兵九进一	卒2进1	42. 马七退八	炮8进3
43. 车三退二	炮8退7	44. 马八进六	炮8平5
45. 马六进八	象3退1	46. 兵九进一	车5平2
47. 马五进六	车2进2	48. 车三进三	卒9进1
49. 帅五进一	车2进2	50. 帅五退一	车2退4

第47局　黎德志负许国义

（2011年东莞凤岗季度象棋公开赛）

1. 马八进七	卒3进1	2. 兵三进一	马2进3
3. 马二进三	车1进1	4. 车九进一	车1平7
5. 炮八进四	卒7进1	6. 炮八平七	象3进5
7. 车九平八	炮2退2	8. 兵三进一	车7进3
9. 马三进四	炮2平3	10. 马四退二	车7退2
11. 炮七进三	象5退3	12. 炮二进五	车7平8
13. 马二进三	车8平7	14. 马三退五	象7进5
15. 马五进六	车9进1	16. 车一平二	车9平4
17. 车八进五	车7进5（图1）	18. 相三进五	马8进7

19. 兵五进一	车7退3
20. 车二平三	车7平4
21. 车三进七	后车进2
22. 车八进一	马3退5
23. 车三进一	马5退7
24. 兵七进一	卒3进1
25. 相五进七	前车进2！（图2）
26. 相七进五	士4进5
27. 兵一进一	前车平3
28. 马七退九	车4进3
29. 车八退三	车3进2
30. 马九退七	车3退1
31. 仕四进五	车3平5

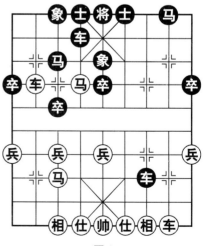

图1

32. 马七进八　车 5 平 3

33. 相七退九　车 4 平 9

34. 仕五退四　车 9 退 1

35. 仕六进五　卒 5 进 1

36. 车三退二　马 7 进 6

37. 车三平四　卒 9 进 1

38. 马八进七　车 9 平 5

39. 车八退四　象 5 进 3

40. 车八平九　卒 9 进 1

41. 兵九进一　卒 9 平 8

42. 兵九进一　卒 1 进 1

43. 马七进九　卒 8 平 7

44. 马九进八　象 3 退 1

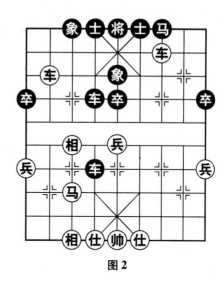

图 2

45. 车九平七　车 3 平 2

46. 车七进七　车 2 平 1

47. 车七退七　车 1 平 2

48. 马八退六　马 6 进 4

49. 车四平六　车 5 进 1

50. 车七平六　卒 5 进 1

第 48 局　孙勇征胜许银川

（2013 年第 3 届温岭·长屿硐天杯全国象棋国手赛）

1. 马八进七　卒 3 进 1

2. 兵三进一　马 2 进 3

3. 马二进三　车 1 进 1

4. 车九进一　象 7 进 5

5. 车九平六　车 1 平 7

6. 马三进四　炮 8 进 3

7. 马四退五　车 7 平 6

8. 车六进五　车 6 进 4?

9. 车六平七　炮 8 退 3

10. 炮二进二！（图 1）车 6 平 7

11. 炮二平一　马 8 进 9

12. 车一平二　马 3 退 5

13. 炮八进四　卒 5 进 1

14. 炮八退一　马 5 退 7

15. 炮八平五　士 6 进 5

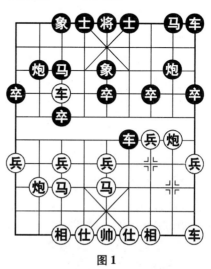

图 1

16. 车七进三　卒9进1　　　17. 炮一进三　车9进2

18. 车七退三　马7进6　　　19. 炮五退一　马6进7

20. 车七平三　将5平6　　　21. 车三平四　将6平5

22. 车四平三　将5平6　　　23. 车三平四　将6平5

24. 炮五进一　车9退2　　　25. 车四平三　将5平6

26. 车三平四　将6平5　　　27. 车四平三　将5平6

28. 车三平四　将6平5　　　29. 相三进一　车7进2

30. 车四平三　将5平6　　　31. 车二进五　炮8平6

32. 炮五平四　将6平5　　　33. 炮四平五　将5平6

34. 炮五平四　将6平5

35. 炮四进一！（图2）车7平6

36. 仕六进五　车6平9

37. 兵七进一？马7进6

38. 兵七进一　炮6平7

39. 马七进六　后车平6

40. 炮四平五　车9进2

41. 马六退四　车6进6

42. 车二进四　车6退6

43. 车二平四　将5平6

44. 马五进七　炮7平8

45. 车三平二　炮8平7

46. 车二平四　士5进6

47. 相七进五　车9退3　　　48. 马七进六　车9平7

49. 兵七进一　士4进5　　　50. 兵七进一　炮2进7

51. 炮五进二

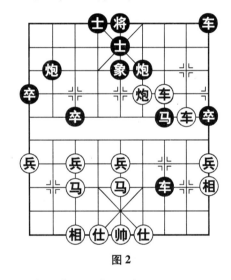

图2

第49局　孙勇征胜申鹏

（2013年第2届重庆黔江杯全国象棋冠军争霸赛）

1. 马八进七　卒3进1　　　2. 兵三进一　马2进3

3. 马二进三　车1进1　　　4. 车九进一　车1平7

5. 炮八进四　象3进5　　　6. 炮八平七　车7平4

7. 车九平八　炮2退2　　　8. 马三进四　车4进2

9. 炮七平五　马3进5　　　10. 马四进五　炮2平3

11. 炮二进四　马8进9
12. 马五进三　车4进4
13. 车一进二　车4平9
14. 相三进一　车9进1
15. 兵三进一　象5进7
16. 炮二平九　车9平1!（图1）
17. 炮九平七　车1进1
18. 车八进八　炮3进1
19. 马三退五　炮8进1
20. 马五退六　炮8平3
21. 马六进七　车1进1
22. 前马退五　士6进5
23. 相七进五　象7退5
24. 车八退一　炮3进5
25. 兵一进一　车1平5
26. 兵五进一　炮3平8
27. 车八退五　炮8进3
28. 相一退三　车5平6
29. 仕六进五　炮8退2?（图2）
30. 马五退三　车6进2
31. 马三退二　车6平5
32. 马七进八　车5平8
33. 马二进三　卒7进1
34. 马三进五　车8平9
35. 马八进七　车9平6
36. 车八平二　卒9进1
37. 车二进四　车6退1

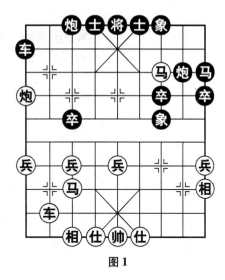

图1

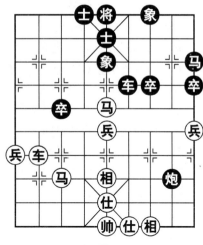

图2

38. 车二退一　卒9进1
39. 兵九进一　卒7进1
40. 相五进三　马9进8
41. 相三进五　卒9进1
42. 兵九进一　马8进6
43. 兵九平八　马6退4
44. 车二平三　卒9平8
45. 兵八平七　象5进3
46. 车三进三　车6退4
47. 车三退二　车6进4
48. 车三平二　卒8平7
49. 马七进六　车6退3
50. 马六退八　象3退5
51. 马八退六

第 50 局　陶汉明负阎文清

（2011 年弈于哈尔滨伊泰杯全国象棋甲级联赛）

1. 马八进七　卒 3 进 1
2. 兵三进一　马 2 进 3
3. 马二进三　车 1 进 1
4. 车九进一　车 1 平 7
5. 炮八进四　卒 7 进 1
6. 炮八平七　卒 7 进 1
7. 炮七进三　士 4 进 5
8. 车九平八　卒 7 进 1
9. 马三退五　车 7 进 3
10. 炮七平九　炮 2 进 2
11. 兵九进一　炮 8 进 4
12. 车一进二　马 8 进 7
13. 炮二退一　车 7 平 4
14. 车一平二　炮 8 进 2
15. 车二退一　马 7 进 6
16. 马七进九　马 6 进 5
17. 马五进七?（图1）马 5 进 3
18. 马九退七　车 9 进 2
19. 马七进九　车 9 平 4
20. 仕四进五　前车进 4
21. 车八进一　卒 3 进 1!
22. 马九进七　前车退 3
23. 帅五平四　前车进 4
24. 仕五退六　车 4 进 7
25. 帅四进一　车 4 退 1
26. 帅四退一　车 4 平 8
27. 马七进六　车 8 平 4!（图2）
28. 马六退八　马 3 进 2
29. 车八进三　车 4 进 1
30. 帅四进一　车 4 退 1
31. 帅四退一　车 4 进 1
32. 帅四进一　将 5 平 4
33. 车八进四　将 4 进 1
34. 车八退七　车 4 退 1

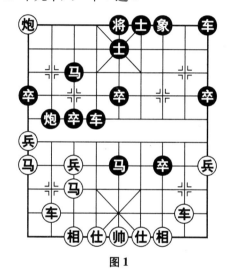

图 1

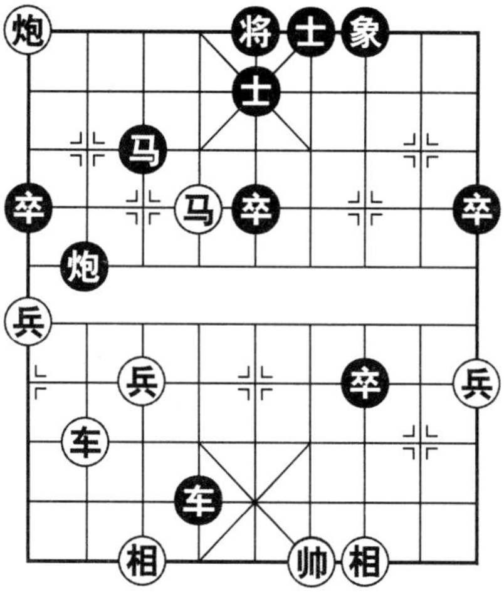

图 2

35. 帅四退一	象7进5	36. 炮九平五	将4退1
37. 车八进七	将4进1	38. 车八退七	车4进1
39. 帅四进一	车4退1	40. 帅四退一	车4进1
41. 帅四进一	将4退1	42. 车八进七	象5退3
43. 炮五退三	卒7进1	44. 车八平七	将4进1
45. 车七退一	将4进1	46. 车七退一	将4退1
47. 车七退三	车4退1	48. 帅四退一	卒7进1
49. 车七平四	车4进1	50. 炮五退六	卒7进1
51. 帅四进一	车4平5	52. 车四平三	车5平3

第51局　洪智负赵鑫鑫

（2011年弈于武汉伊泰杯全国象棋甲级联赛）

1. 马八进七	卒3进1	2. 兵三进一	马2进3
3. 马二进三	车1进1	4. 车九进一	车1平7
5. 炮八进四	卒7进1	6. 炮八平七	卒7进1
7. 炮七进三	士4进5	8. 车九平八	卒7进1
9. 马三退五	车7进4	10. 车八进五	炮2退2
11. 相三进五	车7退1	12. 兵七进一	卒3进1
13. 炮七退五	马8进7	14. 车一平三	马7进6
15. 炮七进一	车7退2	16. 车八退二	象7进5
17. 车八平四	炮2进4！（图1）		
18. 炮七进一	车7进2		
19. 炮二进二	卒9进1		
20. 炮二平三	卒9进1		
21. 兵一进一	车9进5		
22. 马七进八？	炮8平6		
23. 车四平五	卒7平6		
24. 马五进七	马6进7		
25. 炮七退二	马3进4		
26. 仕六进五	马4进3		
27. 车五平六	炮6平7		
28. 炮三平二	车7平8		
29. 炮二平三	马7进6		

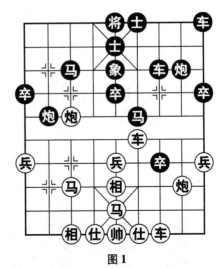

图1

55

30. 炮三平五　象5进7！（图2）

31. 炮五平三　象7退9

32. 炮三平二　炮2平7

33. 车三进五　象9进7

34. 马八进七　象7退5

35. 车六平三　象5进3

36. 车三进三　车9平8

37. 前马进六　后车退2

38. 车三退六　后车平4

39. 车三平四　车4退1

40. 车四进二　车4进5

41. 炮七平四　车4进2

42. 相五退三　车4平3

43. 车四退一　车3进1

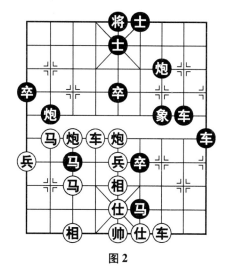

图2

44. 仕五退六　象3退5

45. 炮四进二　卒1进1

46. 炮四平一　车8平7

47. 相三进一　车7平9

48. 炮一平三　车9平8

49. 马七退五　车3平2

50. 马五退三　车8进1

51. 车四平七　车8平5

52. 仕四进五　车2平1

53. 车七平八　车1退2

第52局　程鸣负黄海林

（2013年弈于南京QQ游戏天下棋弈全国象棋甲级联赛）

1. 马八进七　卒3进1

2. 兵三进一　马2进3

3. 马二进三　车1进1

4. 车九进一　车1平7

5. 炮八进四　卒7进1

6. 炮八平七　卒7进1

7. 炮七进三　士4进5

8. 车九平八　车7进1

9. 马三退五　炮2进2

10. 兵九进一　卒7进1

11. 炮二进二　车7进4

12. 炮二进二　马8进7

13. 炮七平九　卒7平6

14. 马五进六　马7进6

15. 炮二平九　车9平8

16. 马六进七　炮8进7

17. 前马进五　车7进4

18. 马五进七　马6进4

19. 前马进八　士5退4

20. 马八退七　士4进5

21. 前马进八　士5退4

22. 后炮平四　将5进1

23. 马八退七　将5平6
24. 前马退八　马4退2
25. 炮四进三　车7退2！（图1）
26. 车一平二　车8进9
27. 仕六进五　卒6进1
28. 车八进四　车7平3
29. 车八平四　将6平5
30. 车四退四　车3进2
31. 仕五退六　车3退3
32. 车四进二　车8退2
33. 仕四进五　车3平4！（图2）
34. 炮四退三　车8进2
35. 车四退三　车8平6
36. 帅五平四　车4平5
37. 帅四平五　车5平9
38. 炮四退四　车9平6
39. 炮四平五　车6平7
40. 炮五平四　卒9进1
41. 炮九平八　卒9进1
42. 兵九进一　车7进3
43. 炮四退二　车7退5
44. 兵九进一　车7退1
45. 兵九进一　卒9平8
46. 炮八退七　车7平1
47. 炮八平五　车1退1
48. 仕五进六　卒8平7
49. 仕六进五　卒7进1
50. 帅五平六　卒7平6

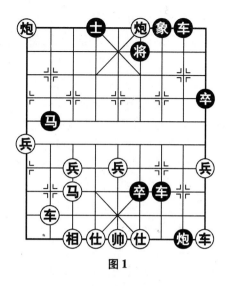

图1

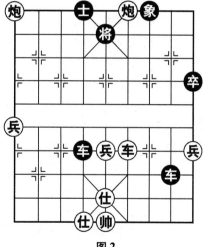

图2

51. 炮五平四　卒6平7
52. 前炮平五　将5平4
53. 炮五平四　卒7平6
54. 前炮平二　卒6平5
55. 帅六平五　车1平8
56. 炮二平一　卒5进1

第 53 局　许银川胜孙勇征

（2012 年第 4 届句容茅山杯全国象棋冠军邀请赛）

1. 马八进七　卒 3 进 1
2. 兵三进一　马 2 进 3
3. 马二进三　车 1 进 1
4. 车九进一　车 1 平 4
5. 车一进一　马 8 进 9
6. 相七进五　车 9 进 1
7. 车一平六　车 4 进 7
8. 车九平六　车 9 平 6
9. 车六进三　车 6 进 3
10. 兵七进一　象 3 进 5
11. 炮八退二　马 3 进 2
12. 炮八进七　炮 8 平 2
13. 马三进四　马 2 退 3
14. 炮二进五　车 6 退 2
15. 炮二退六！（图 1）车 6 进 2

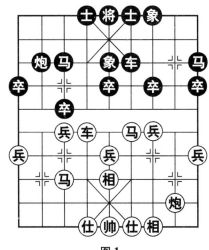

图 1

16. 炮二平四　车 6 平 8
17. 炮四平七　卒 3 进 1
18. 车六平七　马 3 进 4
19. 马四进五　马 4 进 5
20. 马七进五　车 8 平 5
21. 车七平八　车 5 退 1
22. 马五进七　炮 2 平 4
23. 马七进八　车 5 平 3
24. 相五进七　车 3 平 5
25. 相七退五　车 5 平 3
26. 炮七平九　士 6 进 5
27. 炮九进五　车 3 进 1
28. 兵九进一　卒 9 进 1
29. 兵九进一　象 5 退 3
30. 兵九平八　炮 4 平 5
31. 车八平五　车 3 平 6
32. 仕六进五　将 5 平 6
33. 马八进七　马 9 进 8
34. 炮九平七　炮 5 平 3
35. 兵八进一　车 6 退 1
36. 炮七退四　马 8 进 9
37. 车五退一　卒 9 进 1
38. 车五平二　象 3 进 5
39. 相五退七！（图 2）士 5 进 6
40. 炮七平四　炮 3 进 6
41. 车二进六　象 5 进 3
42. 车二平三　将 6 进 1
43. 车三退一　将 6 退 1
44. 车三退二　马 9 退 7
45. 车三退二　炮 3 退 7
46. 车三进二　车 6 进 3
47. 车三进三　将 6 进 1

48. 车三平六　炮3进8

49. 车六退六　车6退3

50. 车六平七　将6平5

51. 车七进二　卒9平8

52. 兵八进一　将5退1

53. 炮四平五　炮3平1

54. 车七平五　将5平4

55. 炮五平六　车6平2

56. 仕五进四　士6退5

57. 车五进三

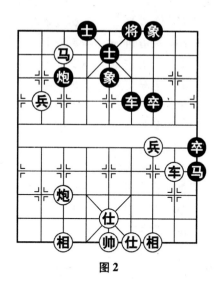

图2

第54局　陆伟韬负王天一

(2012年弈于耒阳蔡伦竹海杯象棋精英邀请赛)

1. 马八进七　卒3进1

2. 兵三进一　马2进3

3. 马二进三　车1进1

4. 车九进一　车1平7

5. 炮八进四　马3进2

6. 马三进四　象7进5

7. 车一进一　马8进6

8. 车九平六　马6进4

9. 炮八平三　士6进5

10. 炮二平四　马4进5

11. 兵三进一　象5进7

12. 炮三平九　象7退5

13. 车六平三　车9平7

14. 车三进七　车7进1

15. 相七进五　车7进5

16. 马四进六?　车7平6

17. 兵五进一　马5进7

18. 仕六进五　马7进6

19. 仕五进四　车6退2

20. 车一平六　车6进3

21. 炮九进三?　将5平6!（图1）

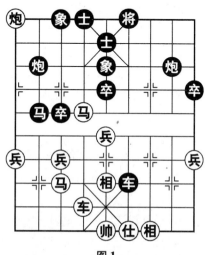

图1

22. 车六平二　车6进2　　　23. 帅五进一　车6退5

24. 兵五进一　卒5进1　　　25. 马六进五　车6退2

26. 马五进七　马2进3　　　27. 车二平三　炮8平7

28. 前马退六　车6平4　　　29. 车三进五　卒5进1

30. 车三平二　炮7平8　　　31. 车二平三　将6平5

32. 马六退四　炮2进2　　　33. 马四进二　车4平1

34. 炮九平八　炮2进4！　　35. 车三退三　马3进1

36. 马七进八　炮2退8　　　37. 马八退九　炮2进7

38. 车三进六　士5退6

39. 车三退五　卒5进1

40. 车三平八　卒5进1

41. 相三进五　车1平7！（图2）

42. 车八进二　炮8退1

43. 车八退四　车7进6

44. 帅五退一　车7退5

45. 马二进一　卒9进1

46. 车八进六　炮8平5

47. 相五退七　车7平5

48. 帅五平六　炮5平3

49. 马九进七　炮3进5

50. 车八平六　士4进5

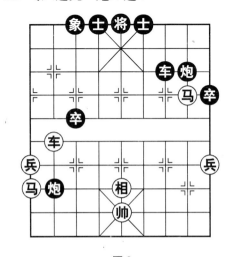

图2

51. 车六退五　炮3进1　　　52. 车六退一　炮3退1

53. 车六平二　卒3进1　　　54. 马一退二　车5平7

55. 相七进五　卒3平4　　　56. 马二退三　炮3退4

57. 车二进四　炮3平4　　　58. 帅六平五　炮4平5

59. 帅五平六　车7进1　　　60. 车二平七　炮5平4

61. 帅六平五　炮4平7

第55局　阎文清胜王晟强

（2008年弈于顺德松业杯全国象棋个人赛）

1. 马八进七　卒3进1　　　2. 兵三进一　马2进3

3. 马二进三　车1进1　　　4. 车九进一　车1平7

5. 炮八进四　卒7进1　　　6. 炮八平七　象3进1

7. 马三进四　卒7进1

8. 马四进六　马3退2?（图1）

9. 车九平八　马2进4

10. 马六进四　炮8平6

11. 炮七进二　车7进2

12. 车八进六　车7平6

13. 车八平九　车9进2

14. 相三进五　炮6退1

15. 炮七进一　士4进5

16. 炮二平三！（图2）卒7平8

17. 相五进三　炮6平7

18. 车九进二　马4进2

19. 车九平八　马2退3

20. 车八平七　士5退4

21. 炮三进六　车6退2

22. 炮三退二　车6进2

23. 炮三进二　车9退1

24. 炮三退三　车6进1

25. 炮三进一　车6退1

26. 炮三退一　车9平7

27. 炮三平六　车7平4

28. 炮六平三　车4进3

29. 炮三进三　车4退3

30. 炮三退三　车4进3

31. 炮三进三　车4退3

32. 炮三退三　车4进6

33. 相三退五　车4平3

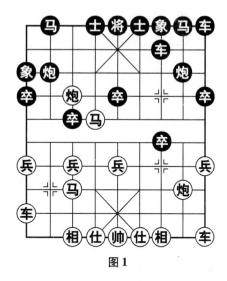

图1

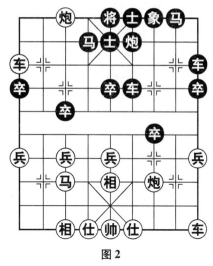

图2

35. 炮三退三　车3进1

37. 炮三退一　车6进2

39. 炮三退五　车3退1

41. 车七进二　象9进7

43. 车七退一　士6进5

45. 兵七进一　车3退1

47. 车五退二　车6退3

34. 车七退四　车6进3

36. 仕四进五　象7进9

38. 炮三进五　车6退5

40. 车一平二　车6进2

42. 炮三平一　马8进9

44. 炮一进五　卒1进1

46. 车七平五　车6进1

48. 炮一退一　车3平1

49. 车二进四　车6进3　　50. 炮一进一　车6退3

51. 炮一退一　车6进3　　52. 兵一进一　车6平5

53. 车五退一　车1平5　　54. 炮一平九　士5退6

55. 兵七进一　象7退5　　56. 车二进三　象5退7

57. 兵一进一　车5退4　　58. 车二退一　车5平1

59. 炮九平八　车1平7　　60. 车二平五　士4进5

61. 车五平九　车7平2　　62. 兵一进一

第56局　张晓平负张强

（2010年弈于哈尔滨楠溪江杯全国象棋甲级联赛）

1. 马八进七　卒3进1　　2. 兵三进一　马2进3

3. 马二进三　车1进1　　4. 车九进一　马8进7

5. 炮八进四　马3进2　　6. 车九平六　车1平3

7. 炮八平三　卒3进1　　8. 车六进四　马2进3

9. 兵三进一　象7进5　　10. 炮三平四　炮2退5?

11. 相三进五　卒3平2　　12. 车六退一　卒2进1

13. 马三进四　马3退2　　14. 车六进一　马7退5

15. 马四进五　马5进3　　16. 马五进七　马2进3

17. 车六退二　车3进1　　18. 兵三进一　车3平4

19. 炮四平六　士6进5　　20. 炮二进四　车9平6

21. 仕四进五　车6进4

22. 车一平三　卒9进1

23. 车三进三　车6平8

24. 炮二平一　炮8平9

25. 兵三平四　车8平6

26. 兵四平五　象5进7

27. 车三平二　车4平2

28. 后兵进一　车2进3

29. 车六平五　车2平4

30. 后兵进一　车6进4

31. 车五平六　车4平5

32. 车六平五　车5平4

33. 车五平四！（图1）车6退2

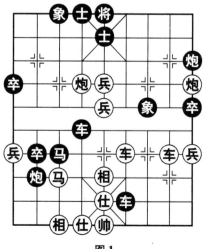

图1

34. 车二平四　车4进3

35. 前兵平四　炮2平5

36. 帅五平四　炮9平3

37. 炮六平七　象3进1

38. 车四平二　士5进4

39. 车二平四?　士4进5

40. 车四平三　炮5退2

41. 车三进二　车4退2

42. 车三进四?（图2）士5退6

43. 炮一进三　车4平6

44. 仕五进四　车6进1

45. 帅四平五　车6平8

46. 炮七平五　炮3进5

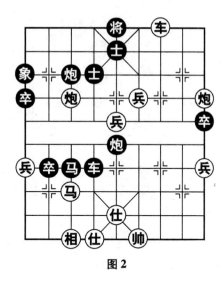

图2

47. 兵四进一　将5平4

48. 兵四平五　将4进1

49. 车三退一　士4退5

50. 炮一退一　将4退1

51. 炮一进一　将4进1

52. 炮一退一　将4退1

53. 炮一进一　将4进1

54. 车三平四　炮5退2

55. 后兵进一　马3退5

56. 炮一退一　将4退1

57. 炮一进一　将4进1

58. 炮一退一　将4退1

59. 炮一进一　将4进1

60. 仕六进五　炮3退1

61. 车四退四　车8进2

62. 仕五退四　马5进4

63. 帅五进一　车8退1

第57局　黎德志胜李少庚
（2011年重庆第3届茨竹杯象棋公开赛）

1. 马八进七　卒3进1

2. 兵三进一　马2进3

3. 马二进三　车1进1

4. 车九进一　马8进9

5. 车九平六　车9进1

6. 车一进一　象3进5

7. 马三进二　炮8进5

8. 炮八平二　车1平6

9. 车一平四　炮2进3

10. 马二进一　车6进7

11. 车六平四　车9平8

12. 马一进三　士4进5

13. 炮二平五　车8进3?（图1）

14. 车四平八!　卒3进1

15. 兵三进一!（图2）车8平7

16. 兵七进一　炮2退1

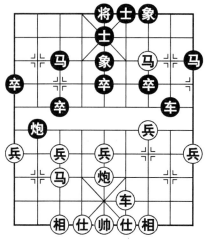

图 1

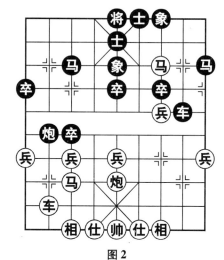

图 2

17. 马三退五	马 3 进 5	18. 炮五进四	马 9 进 8
19. 兵七进一	车 7 平 3	20. 马七进六	马 8 进 6
21. 炮五退二	车 3 进 2	22. 马六进八	车 3 平 5
23. 车八平五	车 5 平 4	24. 马八进七	马 6 进 8
25. 炮五进二	马 8 退 6	26. 炮五退二	马 6 进 8
27. 炮五进二	马 8 退 6	28. 炮五退一	车 4 平 2
29. 炮五退一	马 6 进 8	30. 炮五退二	马 8 退 6
31. 炮五平九	车 2 平 3	32. 马七退八	车 3 平 9
33. 车五平六	车 9 平 5	34. 仕六进五	车 5 平 2
35. 马八进六	车 2 平 3	36. 炮九进四	车 3 进 3
37. 仕五退六	车 3 退 6	38. 炮九进三	马 6 进 8
39. 仕四进五	车 3 进 3	40. 车六进一	士 5 进 4
41. 兵九进一	车 3 平 6	42. 车六平三	象 5 进 7
43. 相三进五	象 7 进 5	44. 马六进八	将 5 进 1
45. 兵九进一	象 7 退 9	46. 车三进四	象 5 进 7
47. 仕五进六	马 8 进 7	48. 帅五进一	车 6 平 2
49. 车三进二	将 5 进 1	50. 车三退一	将 5 退 1
51. 马八进七	将 5 平 6	52. 马七退六	将 6 平 5
53. 帅五平四	车 2 平 6	54. 帅四平五	车 6 平 2
55. 帅五平四	车 2 平 6	56. 帅四平五	车 6 平 2
57. 帅五平四	车 2 平 6	58. 帅四平五	车 6 平 2

59. 车三进一	将5进1	60. 车三退一	将5退1
61. 帅五平四	车2平6	62. 帅四平五	车6平3
63. 帅五平四	马7退9	64. 车三平四	马9退7
65. 帅四平五	马7退5	66. 车四进二	

第58局　陈寒峰负王斌

（2007年弈于上海七斗星杯全国象棋甲级联赛）

1. 马八进七	卒3进1
2. 兵三进一	马2进3
3. 马二进三	车1进1
4. 车九进一	象7进5
5. 炮二平一	马3进2
6. 炮八进二	炮2进3
7. 车九平八	炮2平5
8. 兵五进一	马2进3
9. 车一平二	马8进6
10. 车八平四	车9进1
11. 车二进三	卒3进1
12. 相七进五	马3退5
13. 相五进七	卒7进1
14. 车四进三	卒5进1
15. 兵三进一	象5进7
16. 仕四进五	炮8平2
17. 马三进二	士4进5
18. 马二进一	车9平7
19. 车二进五	车7平8
20. 马二进二	炮2退1
21. 马二退一	车1进1
22. 马一退三？（图1）	车1平7
23. 马三退五	车7进7
24. 仕五退四	马6进7！（图2）
25. 马五退四	车7退2
26. 车四进二	车7平9

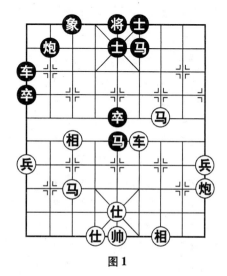

图1

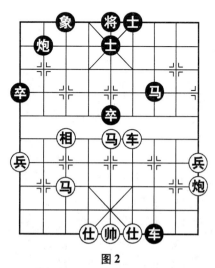

图2

27. 仕六进五	马7进9	28. 车四平八	炮2平4
29. 车八退三	炮4进1	30. 马七进六	炮4平9
31. 马六进七	车9退1	32. 车八进六	士5退4
33. 车八平七	士6进5	34. 马七进五	炮9平6
35. 车七退三	马9进8	36. 马四进二	车9平8
37. 车七平九	车8平6	38. 兵九进一	卒5进1
39. 兵九进一	将5平6	40. 车九平三	卒5进1
41. 兵九平八	卒5平4	42. 帅五平六	卒4平3
43. 相七退五	卒3进1	44. 车三进三	将6进1
45. 车三退一	将6退1	46. 车三进一	将6进1
47. 车三退四	卒3进1	48. 兵八平七	车6平2
49. 相五退七	车2进3	50. 帅六平五	车2平3
51. 仕五退六	卒3平4	52. 仕四进五	车3退3
53. 兵七平六	车3平6	54. 车三进三	将6退1
55. 车三进一	将6进1	56. 车三退一	将6退1
57. 车三进一	将6进1	58. 车三退三	车6平5
59. 马五退四	卒4进1	60. 帅五平六	车5平4
61. 仕五进六	车4退2	62. 马四进三	车4平8
63. 车三平一	车8进5	64. 帅六进一	车8退8
65. 马三退四	炮6平4	66. 帅六平五	车8进1
67. 车一平三	车8平6		

第 59 局　　陈寒峰胜吕钦

（2008 年弈于东莞第 3 届杨官璘杯全国象棋公开赛）

1. 马八进七	卒3进1	2. 兵三进一	马2进3
3. 马二进三	车1进1	4. 车九进一	车1平7
5. 炮八进四	卒7进1	6. 炮八平七	卒7进1
7. 炮七进三	士4进5	8. 车九平六	炮2退2
9. 车六进七	车7进3	10. 车一进一	炮8退1
11. 车六退二	车7平4	12. 车六退一	马3进4
13. 车一平八	炮2进1	14. 车八进三	炮8平7
15. 车八平六	马4退6	16. 炮七退三	卒5进1
17. 炮七平五	象7进5	18. 车六进三	车9进2

19. 车六平九　炮2平4

20. 炮二进六？车9平8

21. 炮二平一　卒7进1

22. 马三退一　马6进8

23. 马七退五　前马进6

24. 炮五平八　炮7进8！（图1）

25. 马一退三　炮4平9

26. 马三进四　炮9进5

27. 马四进三　马8进6？

28. 马三退一　车8进4

29. 车九进二　士5退4

30. 炮八进三　象5退3

31. 车九退三　车8平9

32. 车九平四　前马退5

33. 炮八退七　将5进1？

34. 兵五进一！（图2）车9退2

35. 炮八进三　车9进1

36. 兵五进一　车9平2

37. 兵五进一　车2退1

38. 马五进六　车2进2

39. 马六进七　车2平3

40. 马七进六　车3平5

41. 仕四进五　马6进5

42. 车四进三　将5平4

43. 马六进八　马5进7？

44. 车四平三　马7退6

45. 车三平六　将4平5

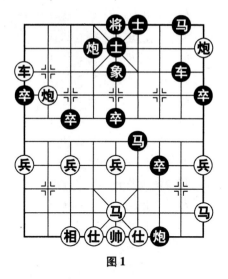

图1

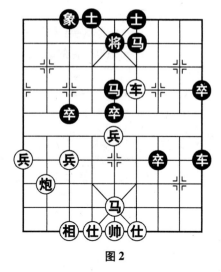

图2

46. 车六平七　车5退4

47. 车七退一　将5退1

48. 车七进一　将5进1

49. 车七退一　将5退1

50. 马八退九　马6进5

51. 车七进一　将5进1

52. 车七退一　将5退1

53. 车七进一　将5进1

54. 车七退六　马5进6

55. 帅五平四　马6进7

56. 车七进五　将5退1

57. 车七进一　将5进1

58. 车七退一　将5退1

59. 车七进一　将5进1

60. 马九进七　车5平4

61. 兵九进一	卒 7 进 1		**62.** 车七退一	将 5 退 1
63. 车七进一	将 5 进 1		**64.** 车七退一	将 5 退 1
65. 车七进一	将 5 进 1		**66.** 兵九进一	马 7 退 9
67. 车七退一	将 5 退 1		**68.** 车七进一	将 5 进 1
69. 车七退一	将 5 退 1		**70.** 车七进一	将 5 进 1
71. 兵九平八	卒 7 进 1		**72.** 车七退一	将 5 退 1
73. 车七进一	将 5 进 1		**74.** 车七退一	将 5 退 1
75. 车七进一	将 5 进 1		**76.** 兵八进一	马 9 退 7
77. 兵八平七	卒 7 平 6		**78.** 帅四平五	将 5 平 6
79. 马七进六	将 6 平 5		**80.** 马六退七	将 5 平 6
81. 车七平五	马 7 退 6		**82.** 马七进六	马 6 进 4
83. 仕五进六	卒 6 进 1		**84.** 帅五进一	马 4 进 6
85. 帅五平四				

第60局　吕钦胜颜成龙

（2007 年弈于上海七斗星杯全国象棋甲级联赛）

1. 马八进七	卒 3 进 1		**2.** 兵三进一	马 2 进 3
3. 马二进三	车 1 进 1		**4.** 车九进一	车 1 平 7
5. 炮八进四	象 3 进 5		**6.** 炮八平七	卒 7 进 1
7. 车九平八	炮 2 平 1		**8.** 马三进四	卒 7 进 1
9. 马四进六	炮 1 退 1			
10. 车八进六	炮 1 平 3			
11. 车八进一	车 9 进 1			
12. 炮二进七	炮 3 进 2			
13. 车八平三	车 9 平 7			
14. 马六进五	车 7 平 8!（图1）			
15. 炮二退二	车 8 进 1			
16. 马五退七	马 3 退 2			
17. 相三进五	车 8 平 3			
18. 车一平三	马 2 进 4			
19. 车三进四	车 3 进 1			
20. 车三进五	车 3 平 4			
21. 马七退五	马 4 进 6			

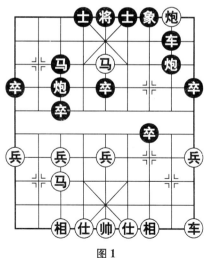

图 1

22. 车三退五	士4进5	23. 马五进三	车4进1
24. 车三平九	车4平7	25. 马三进四	车7平6
26. 仕六进五	卒1进1	27. 车九平六	士5退4
28. 马四进六	士6进5	29. 马六进五	车6进2
30. 车六平五	卒5进1	31. 车五平二	将5平6
32. 车二进一	车6平7	33. 车二进二	车7平6
34. 车二退二	车6平7	35. 车二平四	将6进1
36. 车四进一	车7平9	37. 马五退六	车9退1

38. 车四平七！（图2）卒1进1

39. 兵九进一 车9平1

40. 车七退一 车1退2

41. 兵七进一 卒9进1

42. 车七平八 车1平4

43. 兵七进一 卒9进1

44. 车八退一 卒9进1

45. 车八平四 将6退1

46. 车四退一 卒9进1

47. 车四退一 卒9进1

48. 车四退一 卒9进1

49. 车四平一 卒9平8

50. 车一进八 将6进1

51. 车一退四 将6退1

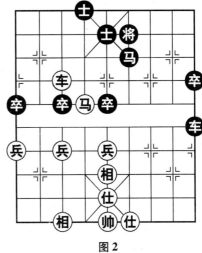

图2

52. 马六退七	车4平2
53. 车一进四	将6进1	54. 仕五进六	车2进3
55. 马七进六	车2退3	56. 仕四进五	车2平4
57. 相五进三	马6进7	58. 相七进五	马7退6
59. 仕五退六	马6进7	60. 车一退四	马7退6
61. 车一平四	将6退1	62. 车四退五	将6平5
63. 车四平二	士5退6	64. 车二平四	士4进5
65. 车四进四	马6进8	66. 仕六退五	马8退6
67. 车四平八	士5退4	68. 马六退七	车4平5
69. 兵七平六	士6进5	70. 马七进九	将5平6
71. 马九进八	将6进1	72. 相三退一	将6退1
73. 相一退三	将6进1	74. 仕五进六	将6退1
75. 马八进七	车5平9	76. 车八平二	车9平7

77. 车二平四　车7进3　　78. 马七退五　将6进1
79. 车四平一　车7退2　　80. 仕六进五　车7进2
81. 车一进一　将6退1　　82. 兵六平五　车7平5
83. 马五退四　车5退2　　84. 马四进三　将6平5
85. 车一进四　士5退6　　86. 车一平四

第二章　车一进一

第61局　尚威负胡荣华

（2005 年弈于太原蒲县煤运杯全国象棋个人赛）

1. 马八进七　卒 3 进 1
2. 兵三进一　马 2 进 3
3. 马二进三　车 1 进 1
4. 车一进一（图 1）　象 7 进 5
5. 车九进一　马 8 进 6
6. 相七进五　车 9 平 7
7. 马三进四　炮 2 进 3
8. 车九平六　卒 7 进 1
9. 炮二平三　炮 8 平 7
10. 车六进三　炮 2 平 6
11. 车六平四　车 1 平 2
12. 马七退五　马 6 进 8
13. 车一平二　卒 7 进 1
14. 车四进一?　卒 7 进 1

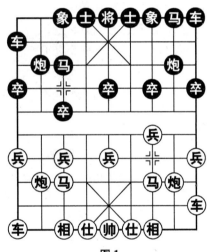

图 1

15. 炮三进五　车 7 进 2
16. 马五退七　马 8 进 7
17. 车二平六　马 7 进 8
18. 仕六进五　车 7 进 2!
19. 车四平三　马 8 退 7
20. 车六进六　车 2 进 1
21. 兵七进一　士 4 进 5
22. 车六退三　车 2 进 3
23. 车六进二　卒 3 进 1
24. 车六平七　马 3 退 2
25. 车七退二　车 2 平 3
26. 相五进七　马 2 进 3
27. 马七进六　卒 7 平 6
28. 马六进五　马 7 进 8!（图 2）
29. 马五进六　卒 6 平 5
30. 帅五平六　士 5 进 4
31. 炮八平九　马 8 退 7

32. 兵九进一	士6进5
33. 相七退五	前卒平6
34. 炮九进一	卒6平7
35. 相五进三	卒7平8
36. 马六退七	马3进2
37. 炮九进三	卒8平9
38. 马七进八	将5平6
39. 炮九进三	象3进1
40. 兵九进一	马2进3
41. 兵九进一	后卒进1
42. 兵九进一	后卒进1
43. 炮九平八	后卒平8
44. 相三退五	卒9平8

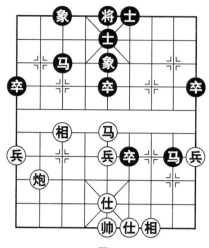

图2

45. 相五进七	象5进3		46. 兵九进一	前卒平7
47. 相三进五	卒5进1		48. 帅六平五	马7进6
49. 仕五进四	马6进4		50. 帅五平六	卒7平6
51. 仕四退五	马3进2		52. 帅六进一	马4退5
53. 仕五退六	马2退3		54. 帅六平五	卒6进1

第62局　洪智胜于幼华

（2012年首届碧桂园杯全国象棋冠军邀请赛）

1. 马八进七	卒3进1
2. 兵三进一	马2进3
3. 马二进三	车1进1
4. 车一进一	象7进5
5. 车九进一	马8进6
6. 车一平四	马3进2
7. 炮八进五	炮8平2
8. 马三进二	卒9进1
9. 车四进五	炮2进1
10. 车四退二	卒9进1
11. 兵一进一	车9进5
12. 马二退三	马6退8

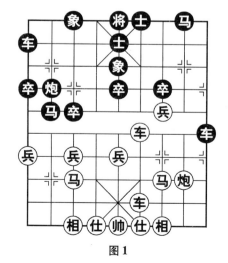

图1

13. 车九平四　士4进5
14. 兵三进一！（图1）车9平6
15. 马三进四　象5进7
16. 车四平六　车1平2
17. 车六进五　象3进5
18. 马四进六！（图2）马8进6
19. 兵七进一　马2进3
20. 马六退七　卒3进1
21. 前马退五　炮2进4
22. 车六平七　卒3平4
23. 炮二平一

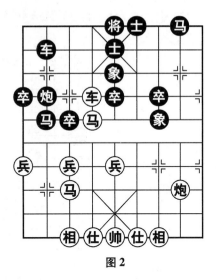

图2

第63局　谭汉星胜程进超

（2012年首届武工杯大武汉职工象棋邀请赛）

1. 马八进七　卒3进1
2. 兵三进一　马2进3
3. 马二进三　车1进1
4. 车一进一　车1平7
5. 炮八进四　卒7进1
6. 炮八平七　卒7进1
7. 炮七进三　士4进5
8. 车九平八　卒7进1
9. 马三退五　炮2进2
10. 炮七平九　车7进3
11. 兵九进一　炮8进4
12. 马七进九（图1）　炮8平5
13. 马五进六　车7平4
14. 兵九进一　车4进2
15. 马九进八　马3进2
16. 车八进五　车9进2
17. 车八进四　士5退4
18. 车八退二　士4进5
19. 车八进二　士5退4
20. 车八退二　士4进5
21. 车八进二　士5退4

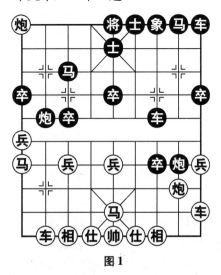

图1

22. 炮二平六！（图2）车4进1 　　**23.** 车八退七　士4进5

24. 车八平六

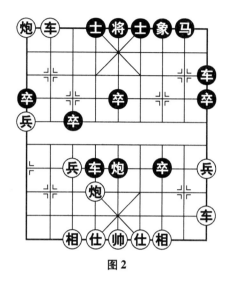

图2

第64局　李鸿嘉胜孙博

（2012年弈于耒阳蔡伦竹海杯象棋精英邀请赛）

1. 马八进七　卒3进1 　　　**2.** 兵三进一　马2进3

3. 马二进三　车1进1 　　　**4.** 车一进一　车1平7

5. 马三进四　卒7进1

6. 炮二平三　马8进9

7. 炮八平九　车7平6

8. 马四进三　炮8平7？

9. 兵三进一　炮2进2

10. 马三进一　炮7进5

11. 马一退三　炮7退4

12. 兵三进一　车6进5？（图1）

13. 相七进五　炮2进2

14. 车一平六　炮2平5

15. 马七进五　车6平5

16. 车六进六　马3进2

17. 炮九进四　士6进5

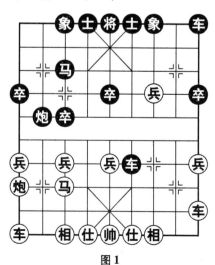

图1

18. 车六平八　马2进3
19. 炮九进三　马3退5
20. 仕六进五　车9平8
21. 车八平七！（图2）象7进5
22. 车七平五　车8进6
23. 兵九进一　车5平1
24. 车九平六　车8平4
25. 车六进三　车1平4
26. 车五平八　士5进6
27. 兵三进一

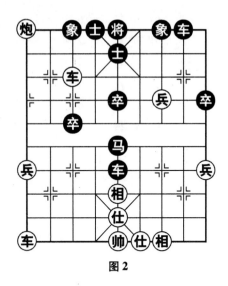

图2

第65局　靳玉砚胜刘宗泽

（2005年北京市第14届民族团结杯象棋比赛）

1. 马八进七　卒3进1
2. 兵三进一　马2进3
3. 马二进三　车1进1
4. 车一进一　象7进5
5. 车九进一　车1平7
6. 马三进四　车7平6
7. 车一平四　车6进3
8. 马四退三　车6进4
9. 车九平四　马8进7
10. 炮八进四　炮8平9
11. 马三进二　马3进2
12. 炮八平三　士6进5
13. 兵三进一！（图1）象5进7
14. 兵七进一　象3进5？
15. 兵七进一　象5进3
16. 马七进六　马2退1
17. 炮二平五　车9平7
18. 车四进八　将5平6
19. 马六进四　马7退8
20. 马二进一　象3退5
21. 炮三平四！（图2）马8进7

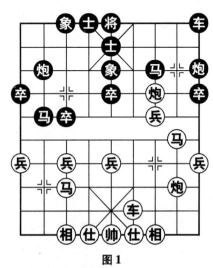

图1

22. 马一退三　将6平5
23. 马四进六　炮2平4
24. 马六退七　卒1进1
25. 马三进五　马7进8
26. 炮四退一　马8进9
27. 马五退四　马1进3
28. 马七进六

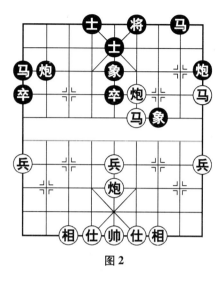

图2

第66局　郑惟桐胜何文哲

（2013年重庆市九龙坡区魅力含谷金阳地产杯象棋公开赛）

1. 马八进七　卒3进1
2. 兵三进一　马2进3
3. 马二进三　车1进1
4. 车一进一　车1平7
5. 炮八进四　马3进2
6. 马三进四　象7进5
7. 兵九进一　车7平6
8. 马四进三　车6进6
9. 车一进一　马8进6
10. 仕六进五！（图1）车6退1
11. 马三进四　车6退5
12. 兵九进一　卒1进1
13. 车九进五　马2进3
14. 炮二平三　车9平8
15. 车一平二　炮8进4
16. 相三进五　车8进2
17. 兵三进一　车6进5
18. 炮八退三　车8进3
19. 车九进一　炮2平4？
20. 车九平五　车8平2
21. 炮八平九　炮4进6

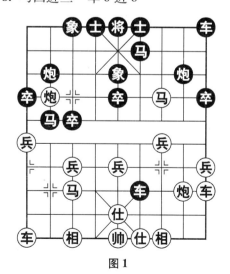

图1

22. 兵三平四　车2进2
23. 相五退三！（图2）车2进1
24. 炮三进七　士6进5
25. 炮三平一　士5进6
26. 车五平二　炮4退6
27. 前车进三　将5进1
28. 前车退一　将5退1
29. 炮九进五

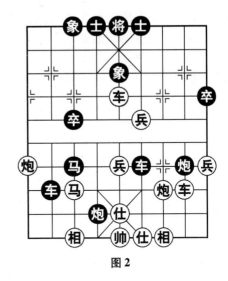

图2

第67局　黄海林负程鸣

（2012年弈于耒阳蔡伦竹海杯象棋精英邀请赛）

1. 马八进七　卒3进1
2. 兵三进一　马2进3
3. 马二进三　车1进1
4. 车一进一　象7进5
5. 车九进一　马8进6
6. 车一平四　车9平7
7. 车四进三　炮2平1
8. 马三进二　炮8进5
9. 炮八平二　卒7进1
10. 炮二平三　马6进8
11. 车九平四　士6进5
12. 马二进一　卒7进1
13. 炮三进七　卒7平6
14. 炮三平二　士5进6！（图1）
15. 车四进三　车1平9
16. 马一进三　车9平7
17. 马三退四　马8进7
18. 车四平三　车7平8
19. 炮二平一　炮1退1
20. 相七进五　马3进4
21. 仕六进五　马4进3

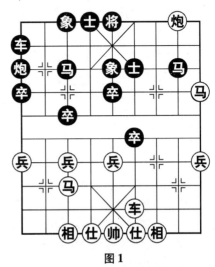

图1

22. 炮一退五　卒5进1！（图2）
23. 炮一进一　炮1平7
24. 车三平六　车8进3
25. 兵一进一　车8退1
26. 马四进三　士4进5
27. 炮一平五　马7进6
28. 炮五平一　车8平7
29. 马三进一　卒3进1

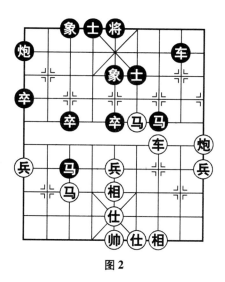

图2

第68局　李鸿嘉胜王昊

（2013年弈于乌鲁木齐新疆棋协杯全国象棋团体赛）

1. 马八进七　卒3进1　　　　2. 兵三进一　马2进3
3. 马二进三　车1进1　　　　4. 车一进一　车1平7
5. 马三进四　马8进9　　　　6. 车九进一　车7平6
7. 车九平四　炮8平6？（图1）　8. 马四进五　马3进5
9. 炮二平五　车9进1
10. 炮五进四　炮6平3
11. 炮八进二　卒3进1
12. 炮八进一　炮3进2
13. 兵七进一　炮3平5
14. 相七进五　炮2平3
15. 兵五进一　炮5平4
16. 马七进五　车6进7
17. 车一平四　车9平2
18. 兵五进一　炮4退2
19. 兵七进一　炮3平1
20. 马五进四　卒9进1
21. 车四平六　车2进1

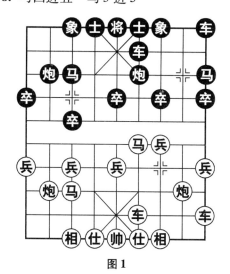

图1

22. 炮八退二　将5进1
23. 炮八平五　马9进8
24. 马四进五！（图2）将5平4
25. 马五进四　将4平5
26. 马四退五　将5平4
27. 车六平四　车2进4
28. 车四进七　士4进5
29. 车四平五　将4退1
30. 车五平八

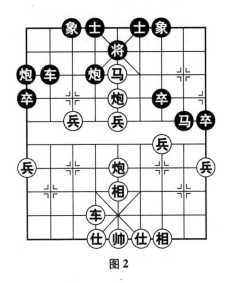

图2

第69局　谭汉星胜金波

（2012年首届武工杯大武汉职工象棋邀请赛）

1. 马八进七　卒3进1　　　2. 兵三进一　马2进3
3. 马二进三　车1进1　　　4. 车一进一　象7进5
5. 车九进一　车1平6　　　6. 车九平四　士6进5
7. 车四进七　马8进6　　　8. 车一平四　炮2退1
9. 车四进四　炮8平7
10. 马三进二　卒7进1
11. 相三进五　卒7进1
12. 相五进三　炮7平9！（图1）
13. 炮八进四　炮9进4
14. 炮八平七　炮9进3
15. 仕四进五　卒9进1
16. 炮二平六　卒9进1
17. 炮六进六　马3退2
18. 炮六平四　炮2平6
19. 马二进三　炮6平7
20. 车四平二　炮7进4
21. 兵五进一　车9平7

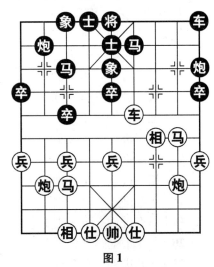

图1

· 79 ·

22. 马七进五　炮7平8
23. 仕五进六　卒5进1?（图2）
24. 马三退二　卒9平8
25. 兵五进一　车7进9
26. 帅五进一　车7退1
27. 帅五退一　车7进1
28. 帅五进一　车7退1
29. 帅五退一　车7退5
30. 炮七平五　马2进3?
31. 车二进四

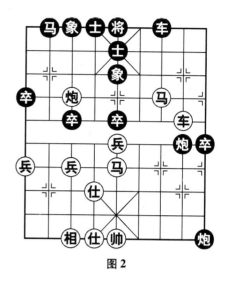

图2

第70局　李鸿嘉负洪智

（2005年弈于广州第25届五羊杯全国象棋冠军邀请赛）

1. 马八进七　卒3进1		2. 兵三进一　马2进3
3. 马二进三　车1进1		4. 车一进一　车1平7
5. 马三进四　炮8进3		6. 马四退五　炮8退3
7. 炮八平九　卒7进1		8. 炮二平三　炮8平7

9. 车九平八　炮2平1
10. 车八进四　卒7进1
11. 车一平三　炮7进5
12. 车三进一　车9进2!（图1）
13. 兵七进一　车7进3
14. 炮九退一　象7进5
15. 相三进一　车9平8
16. 车三进二　车7进1
17. 相一进三　车8进2
18. 兵五进一　马8进7
19. 马五进六　卒3进1
20. 车八平七　马3进2
21. 炮九进五　马2退4

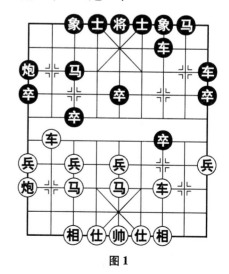

图1

22. 车七进二　马4进5

23. 仕六进五　车8平4

24. 炮九平五　士6进5

25. 炮五平三　炮1平4

26. 马六退八？（图2）车4进2

27. 马八进六　炮4进2

28. 炮三平六　炮4平8

29. 相七进五　车4平7！

30. 相三退一　马7进6

31. 相一退三？马6退4

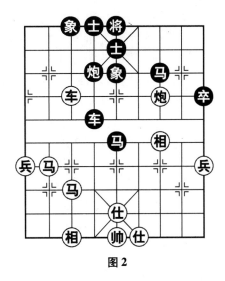

图 2

第71局　李鸿嘉胜许国义

（2010 年东莞凤岗季度象棋公开赛）

1. 马二进三　卒3进1

2. 兵三进一　马2进3

3. 马八进七　车1进1

4. 车一进一　象7进5

5. 车九进一　炮2进2

6. 兵五进一　马8进7

7. 马七进五　卒7进1

8. 兵七进一！卒3进1

9. 兵三进一　卒3平4

10. 车九平七　马7退5？（图1）

11. 车一平四　卒4平5

12. 炮八平五　车9平7？

13. 炮五进二　车7进4

14. 炮二退一　炮2平5

15. 相七进五　马3进4？

16. 炮五进二！马4退3

17. 车七进六！车7进3

18. 车七退二　车7退3

19. 车七平六　车1退1

20. 车四平六　象3进1

21. 仕六进五　车1平2

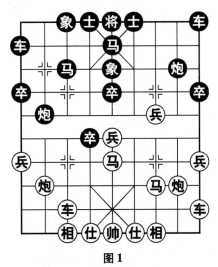

图 1

22. 马五进七　象1进3
23. 前车平五　车7平5
24. 马七进五　车2进3
25. 马五进七！（图2）车2平3
26. 帅五平六　车3退3
27. 兵九进一　车3平2
28. 车六平八　车2进8
29. 炮二平八　象3退1
30. 兵一进一　炮8进2
31. 炮八进五　卒9进1
32. 兵一进一　炮8平4
33. 兵一平二　象1退3
34. 兵二平三

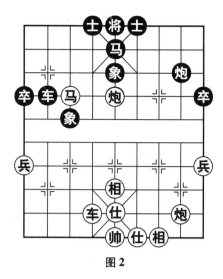

图2

第72局　洪智胜周军

（2012年磐安伟业杯全国象棋个人赛）

1. 马八进七　卒3进1	2. 兵三进一　马2进3
3. 马二进三　车1进1	4. 车一进一　车1平7
5. 炮八进四　马3进2	6. 马三进四　象7进5
7. 兵九进一　马2进3	8. 车九进三　马3退2

9. 车九平六　卒3进1
10. 车六进二　车7平3
11. 车一平六　士6进5
12. 炮八平三　马2进4？（图1）
13. 马七进六　卒3平4
14. 后车进三　车3进8
15. 前车平八　车3退3
16. 炮三平九　炮2平1
17. 马四进六　车3进1？
18. 炮二平六　车9进1
19. 马六进八　车9平6
20. 车八平二　车6进5
21. 仕六进五　马8进6

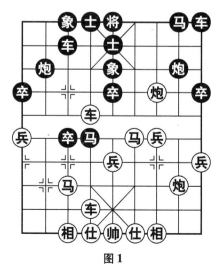

图1

22. 车六平七！ 车3退2
23. 马八退七 车6平9
24. 车二平四 炮8平7
25. 相三进五 马6进8
26. 车四平二 炮7退1
27. 炮六平七！（图2）车9退2
28. 炮七进七 象5退3
29. 车二进二 车9平3
30. 炮九平一 炮1平3
31. 炮一进三 炮7平6
32. 车二进二 炮6退1
33. 车二退四 炮6进4
34. 马七退六 将5平6
35. 炮一退四

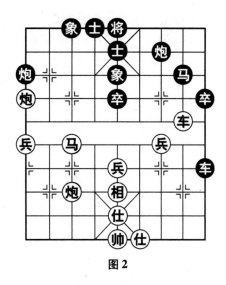

图2

第73局 徐光胜王瑞祥

（2012年弈于东莞第5届杨官璘杯全国象棋公开赛）

1. 马八进七 卒3进1
2. 兵三进一 马2进3
3. 马二进三 车1进1
4. 车一进一 象7进5
5. 相七进五 车1平7
6. 马三进四 炮8进3
7. 马四退三 炮8进1
8. 马三进四 车7平6
9. 马四进三 车6进6
10. 炮二退二 炮8平7
11. 车一平二 炮7退3
12. 炮二进九 士6进5
13. 仕四进五 车6退5
14. 炮二退三 车9平8
15. 炮八退一 马3进4
16. 炮八平六 炮2平3
17. 车九平八 卒3进1
18. 兵三进一 炮7退2
19. 车八进五 炮3进2？

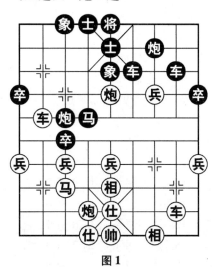

图1

· 83 ·

20. 兵三进一　车8进2

21. 炮二平五！（图1）车8进6

22. 炮六平二　象3进1

23. 兵七进一　马4进3

24. 兵七进一? 马3退2

25. 兵七平八　车6进6

26. 炮二进一　炮7进8

27. 炮二平四　炮7平9

28. 兵三平四　车6平8

29. 帅五平四　车8进1

30. 帅四进一　车8退5

31. 马七进六　车8平4

32. 马六退四　车4平2? （图2）

33. 兵四进一　车2退1　　　34. 马四进三　炮9平8

35. 兵四平三！

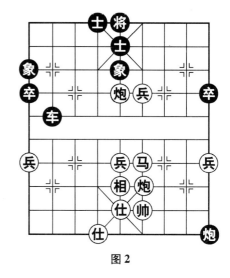

图2

第74局　陶汉明胜柳大华

（2011年第3届句容茅山·碧桂园杯全国象棋冠军邀请赛）

1. 马八进七　卒3进1　　　2. 兵三进一　马2进3

3. 马二进三　车1进1　　　4. 车一进一　象7进5

5. 车九进一　车1平6

6. 车一平四　士6进5

7. 炮八进四　马3进2

8. 相七进五　车6进7

9. 车九平四　马8进7

10. 炮八平三　炮8平9

11. 马三进二　马2进3

12. 炮三平九　炮9进4

13. 车四平一　炮9退2? （图1）

14. 兵三进一！车9平6

15. 马二进一　车6进7

16. 炮二进五　炮9进3

17. 仕六进五　车6平8

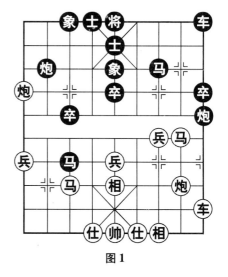

图1

18. 炮二平五　士5退6

19. 炮五平七　马3进5

20. 马七进六!（图2）马5退7

21. 相三进一　卒3进1

22. 马一进三　卒3平4

23. 马三退四　马7退6

24. 兵三平四　车8平3

25. 炮七平二　炮2进7

26. 炮二进二　将5进1

27. 车一平三　车3进2

28. 仕五退六　车3退6

29. 仕六进五　车3平1

30. 车三进七　将5进1

31. 车三平八　炮2平1

32. 车八退一　将5退1

33. 兵四进一　车1平3

34. 帅五平六　车3进6

35. 帅六进一　炮1平6

36. 仕五退四

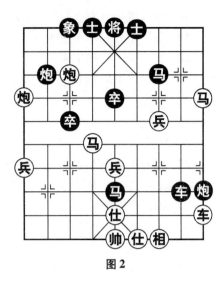

图2

第75局　李鸿嘉负蒋川

（2009年弈于上海惠州华轩杯全国象棋甲级联赛）

1. 马八进七　卒3进1

2. 兵三进一　马2进3

3. 马二进三　车1进1

4. 车一进一　车1平7

5. 马三进四　卒7进1

6. 炮二平三　马8进9

7. 车九进一　象7进5

8. 炮八平九　炮2进2

9. 炮三平五　士6进5

10. 车一平二　炮8平6

11. 车九平八　卒7进1

12. 马四进五　炮2平1

13. 炮九平八　马3进5

14. 炮五进四　车7进2?

15. 炮五进二!（图1）卒3进1

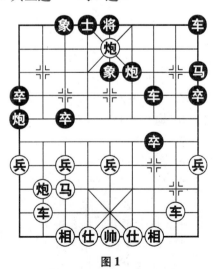

图1

16. 炮八进七　卒 3 进 1　　17. 车二进六　车 9 平 6

18. 车二平一　卒 3 进 1　　19. 车八进七！象 5 进 7

20. 车一平二　炮 1 平 5　　21. 仕六进五　炮 5 退 2

22. 车二退五？炮 6 退 1　　23. 车八退三　将 5 进 1

24. 车二平七　车 7 平 4

25. 车七进七？车 6 平 7

26. 车七退五　车 7 进 3

27. 相七进五　车 4 平 2！（图 2）

28. 车八进一　车 7 平 2

29. 炮八平七　卒 7 进 1

30. 兵五进一　车 2 平 5

31. 炮七退三　卒 7 进 1

32. 兵一进一　卒 7 进 1

33. 炮七退一　炮 5 进 3

34. 炮七平八　卒 7 进 1

35. 炮八退二　卒 7 平 6

36. 帅五平四　炮 5 进 3

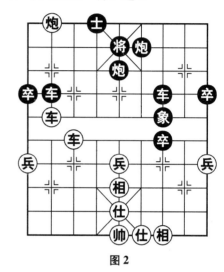

图 2

第 76 局　蔚强负姚洪新

（2012 年重庆首届长寿健康杯象棋公开赛）

1. 马八进七　卒 3 进 1

2. 兵三进一　马 2 进 3

3. 马二进三　车 1 进 1

4. 车一进一　车 1 平 7

5. 炮八进四　卒 7 进 1

6. 炮八平七　卒 7 进 1

7. 炮七进三　士 4 进 5

8. 车九平八　卒 7 进 1

9. 马三退五　炮 2 进 2

10. 兵九进一　象 7 进 5

11. 炮七平九　炮 8 进 4

12. 车一平四　车 7 进 3

13. 车四进三　马 8 进 7

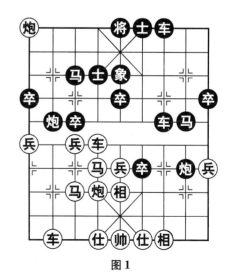

图 1

14. 兵七进一　车9平7
15. 炮二平六　马7进8？
16. 车四平六　卒7平6
17. 马五进六　士5进4
18. 相七进五？（图1）卒6平5
19. 车六进三　前卒进1！
20. 相三进五　炮8进3
21. 相五退三　前车进5
22. 车六平五　士6进5
23. 车五平七　后车进7！（图2）
24. 车七进二　士5退4
25. 车七退三　士4进5
26. 车七进三　士5退4

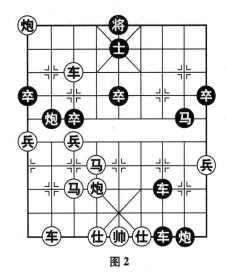

图2

27. 车七退三　士4进5
28. 车七进三　士5退4
29. 车七退三　士4进5
30. 车七进三　士5退4
31. 车七平六　将5进1
32. 车六退一　将5退1
33. 车六进一　将5进1
34. 车六退一　将5退1
35. 车六进一　将5进1
36. 车六退一　将5退1
37. 炮六平四　马8进7

第77局　韩福德负蔡福如

（1981年弈于温州全国象棋个人赛）

1. 马八进七　卒3进1
2. 兵三进一　马2进3
3. 马二进三　车1进1
4. 车一进一　象7进5
5. 炮八平九　马3进2
6. 车一平四　马8进6
7. 车四进四　马2进3
8. 车九平八　炮2平3
9. 车八进三　炮8进4
10. 车八进四　马3进1
11. 相七进九　炮8退4
12. 马七进八　卒3进1
13. 相九进七　炮8平7
14. 马三进四　卒7进1
15. 马四进六？（图1）炮3进2
16. 车四进二　车9平7
17. 车八退一　马6进4
18. 车八平五　士4进5
19. 车四退一　卒7进1
20. 相三进五　卒7平8
21. 马八进九　炮3平2
22. 车五平六　炮7进6

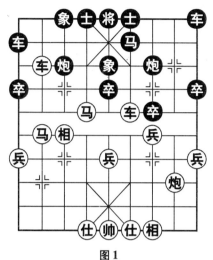

图1

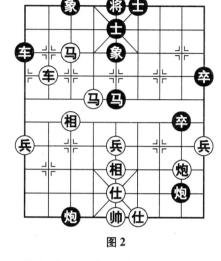

图2

23. 马九进七　炮2进5	24. 仕六进五　车1进1
25. 车六平八　炮7平8	26. 车四平三　车7进3
27. 车八平三　马4进5	28. 车三平八　炮2平3！（图2）
29. 相七退九　炮3退5	30. 炮二平三　炮8进1
31. 相五退三　马5进7	32. 马六进五？象3进5
33. 车八进三　象5退3	34. 马七退八　车1平5
35. 车八平七　士5退4	36. 车七退四　车5进4
37. 马八进九　车5进2	38. 帅五平六　马7进6

第78局　陈孝堃负靳玉砚

（2004年将军杯全国象棋甲级联赛）

1. 马八进七　卒3进1	2. 兵三进一　马2进3
3. 马二进三　车1进1	4. 车一进一　车1平7
5. 炮八进四　马3进2	6. 马三进四　象7进5
7. 车九进一　马8进6	8. 车九平六　卒7进1
9. 车六进七　车9进1	10. 兵三进一　马6进4
11. 车六平三　车9平7	12. 炮八平一　车7进3
13. 炮二平五　卒5进1	14. 车一平二　炮8平7
15. 炮一进三　象5退7	16. 马四进五　炮7平7
17. 仕四进五　车7退3！（图1）	18. 兵五进一　马2进3

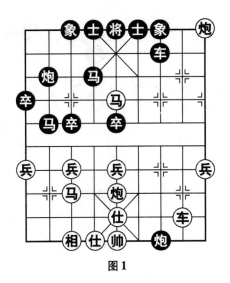

图 1

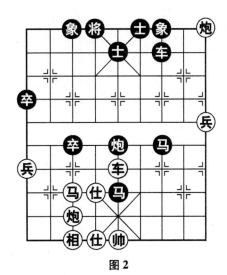

图 2

19. 炮五进一	士 4 进 5	20. 兵五进一	马 4 进 5
21. 马五进六	炮 2 平 5？	22. 炮五进四	将 5 平 4
23. 车二进二？	炮 7 退 3	24. 炮五平八	将 4 进 1
25. 炮八退六	将 4 退 1	26. 兵一进一	卒 3 进 1
27. 兵一进一	炮 7 退 1	28. 炮八平七	炮 7 平 5
29. 仕五进六	马 3 进 5	30. 车二平五	后马进 7！（图 2）
31. 车五进一	马 7 进 6	32. 帅五进一	马 6 退 5
33. 相七进五	卒 3 进 1	34. 马七退九	象 3 进 5
35. 炮一退三	车 7 进 2	36. 帅五退一	马 5 进 4
37. 炮七平六	将 4 平 5	38. 仕六进五	马 4 退 5
39. 炮一进二	车 7 平 2	40. 马九退七	卒 3 进 1

第 79 局　洪智胜程鸣

（2013 年第 3 届周庄杯海峡两岸象棋大师赛）

1. 马八进七	卒 3 进 1	2. 兵三进一	马 2 进 3
3. 马二进三	车 1 进 1	4. 车一进一	象 7 进 5
5. 车九进一	车 1 平 7	6. 马三进二	炮 8 平 6
7. 相七进五	卒 7 进 1	8. 兵三进一	车 7 进 3
9. 车一平三	马 8 进 7	10. 车三进四	象 5 进 7
11. 车九平三	象 3 进 5	12. 车三进三	卒 9 进 1

13. 兵七进一　卒9进1?

14. 炮二平一　卒3进1

15. 车三平七　士6进5

16. 炮八退一　炮2退2

17. 兵一进一　车9平6

18. 炮八平三　炮2平3

19. 车七平六　马7退8

20. 兵一进一！（图1）炮6进5

21. 马七进八　炮6平8

22. 仕六进五　卒5进1

23. 马二进三　炮8退1

24. 车六平二　炮8平1

25. 马三退五　炮1进3

26. 马八进七　象5进3

27. 兵一平二　象7退9

28. 车二平五！马3进5

29. 马五进三　车6进3

30. 马七退五　车6进1

31. 车五平九　炮1平2

32. 车九平八　炮2平1

33. 车八平二　马5退6

34. 马三进四　马8进6

35. 炮一进三　车6退1

36. 车二平九　炮3平1

37. 车九平八　象3退5

38. 炮三进三！（图2）马6进8

39. 炮三平五　马8进9

41. 兵二平一

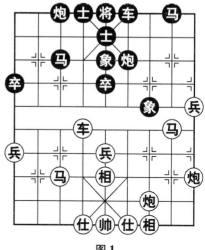

图1

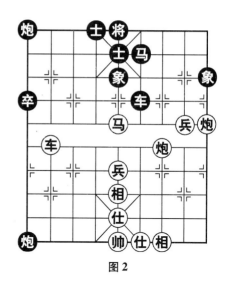

图2

40. 炮五进三　将5平6

第80局　谢业枧胜陈寒峰

（2008年弈于顺德松业杯全国象棋个人赛）

1. 马八进七　卒3进1

2. 兵三进一　马2进3

3. 马二进三　车1进1

4. 车一进一　象7进5

5. 车九进一　车1平7　　　　6. 马三进四　卒7进1

7. 兵三进一　车7进3　　　　8. 车一平三　车7平6

9. 车三进三　马3进4　　　　10. 马四退三　马4进3

11. 车九平六　士6进5　　　　12. 车六进二　炮2平3

13. 马三进四　马8进7　　　　14. 炮二平四　车6平7

15. 车三进一　象5进7　　　　16. 炮八进四　象7退5

17. 炮八平七　马3退2　　　　18. 车六平八　马2退1

19. 车八进四　炮3平4

20. 相七进五　马7进6？

21. 炮四进三　车9平6

22. 马七进六　卒5进1

23. 马四进二！（图1）炮4进1

24. 炮七进一　炮8平3

25. 车八平七　卒5进1

26. 马二进三　车6进2

27. 马六进五　车6进1

28. 炮四平六！（图2）卒5进1

29. 仕六进五　车6平7

30. 兵九进一　卒9进1

31. 炮六退一　卒5进1

32. 相三进五　炮4退1

33. 炮六进二　车7进3

34. 马三退二　车7平5

35. 马五退四　车5平2

36. 炮六平五　将5平6

37. 马四进三　车2进3

38. 仕五退六　车2退6

39. 马二退四　车2平3

40. 马三进二　将6平5

41. 车七平六　车3平5

42. 马四进五　士5进4

43. 马五进七

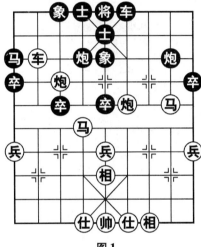

图1

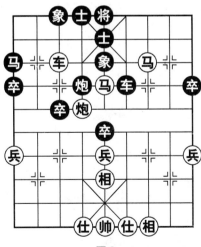

图2

第 81 局　庄玉庭负汪洋

（2011 年弈于衡阳珠晖杯象棋大师邀请赛）

1. 马八进七　卒 3 进 1
2. 兵三进一　马 2 进 3
3. 马二进三　车 1 进 1
4. 车一进一　象 7 进 5
5. 车九进一　马 8 进 6
6. 车九平六　车 9 平 7
7. 马三进四　炮 2 平 1
8. 相三进五　车 1 平 2
9. 炮八退一　炮 8 平 9
10. 炮二平四　卒 7 进 1
11. 兵三进一　车 7 进 4
12. 车六进三　马 6 进 8
13. 炮八平四　车 2 平 7
14. 后炮平七　炮 9 退 1
15. 兵七进一　卒 3 进 1
16. 车六平七　马 3 进 4
17. 马四进五　前车平 5
18. 马五进七　马 8 进 7
19. 前马退六　车 5 平 4
20. 相五进三　车 7 平 6
21. 仕四进五　车 6 进 5
22. 相七进五？（图 1）炮 9 进 5

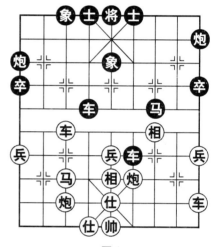

图 1

23. 车七进二　炮 9 平 5
24. 车七退三　炮 5 平 4
25. 炮四退二　车 4 退 1
26. 车七进一　炮 4 平 2
27. 车七平八　炮 2 平 3
28. 车一平四　车 6 进 2
29. 炮七平四　车 4 进 3
30. 前炮进四　炮 3 退 5
31. 马七进六　炮 1 进 4
32. 马六进五　车 4 平 6
33. 马五退六？车 6 退 1！（图 2）
34. 前炮平五　士 6 进 5

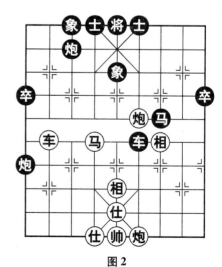

图 2

35. 马六退七　炮1进3	36. 车八退四　炮1退5
37. 仕五进四　车6进2	38. 仕六进五　车6退4
39. 车八进三　车6平5	40. 炮五平四　炮3进3
41. 马七进六　车5平4	42. 马六退四　炮1平6
43. 炮四进五　马7退6	44. 马四退六　卒9进1
45. 车八平二　车4平8	

第82局　黎金福负吴贵临

（2013年弈于悉尼永虹·得坤杯第16届亚洲象棋个人赛）

1. 马八进七　卒3进1

2. 兵三进一　马2进3

3. 马二进三　车1进1

4. 车一进一　马8进9

5. 车一平六　卒7进1

6. 车六进三　卒7进1

7. 车六平三　象7进5

8. 马三进二　车9平7！（图1）

9. 车三进五　象5退7

10. 仕六进五　卒9进1

11. 马二进四　马9进8

12. 马四进六　马8进6

13. 炮八平九　炮2进1

14. 车九平八　炮2平3

15. 车八进四　车1平6

16. 炮二平四　马6退4

17. 兵七进一　炮3进2

18. 马七进六？　炮8进1

19. 前马进八　车6平2

20. 马六进四　炮8平7

21. 相七进五　炮3平6

22. 车八退一　卒3进1

23. 相五进七　马4退2！（图2）

24. 马四进二　车2进1

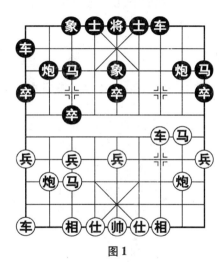

图1

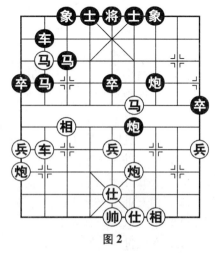

图2

25. 马二进三　炮6退4　　26. 兵五进一　马3进4

27. 炮九平七　车2平7　　28. 炮七进七　士4进5

29. 马三进一　车7平3　　30. 炮七平九　车3进3

31. 车八平三　马4退5　　32. 炮四平五　马2进3

33. 炮九退一　车3平5　　34. 车三平八　炮6进3

35. 车八进六　士5退4　　36. 车八退一　炮6平7

37. 仕五退六　前炮平5　　38. 炮五退一　炮5平1

39. 炮九平七　炮1平7　　40. 相三进一　前炮平3

41. 炮七进一　士4进5　　42. 车八退八　将5平4

43. 炮七平九　炮7进3　　44. 车八平七　炮3平5

45. 车七进九　将4进1　　46. 车七退一　马5退3

第83局　苗利明胜金波

（2006年弈于石家庄启新高尔夫杯全国象棋甲级联赛）

1. 马八进七　卒3进1　　2. 兵三进一　马2进3

3. 马二进三　车1进1　　4. 车一进一　象7进5

5. 车九进一　车1平7　　6. 马三进二　炮8进5

7. 炮八平二　卒7进1　　8. 兵三进一　车7进3

9. 车九平三　炮2进2　　10. 车三进四　炮2平7

11. 车一平三　马8进7　　12. 马七退五　车9平7

13. 车三进三　马7进6！（图1）

14. 车三平四　马6退4

15. 相三进五　马4进2

16. 马二进四　马2进3

17. 马四进六　前马退4

18. 马六进七　将5进1

19. 车四平二　炮7退3

20. 车二进四　炮7平6

21. 炮二进五　车7进2

22. 马五进七　卒3进1

23. 相五进七　马4退6

24. 炮二退六　马6退7

25. 车二进一　车7进6

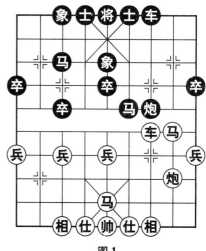

图1

26. 炮二退一	马7进9
27. 车二退一	马9退7
28. 车二进一	卒5进1?
29. 车二平四	车7平8?
30. 车四平五！（图2）	将5平4
31. 车五退二	马7进6
32. 车五平七	车8进1
33. 仕六进五	车8退7
34. 车七退一	马6进4
35. 前马退六	象3进1
36. 相七退五	卒1进1
37. 马七进六	车8平4
38. 车七平九	士4进5

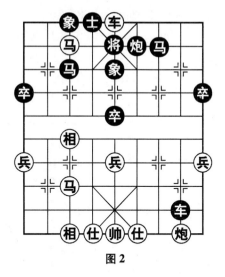

图2

39. 前马退八	炮6进1	40. 车九退一	将4退1
41. 车九进一	将4平5	42. 车九平一	马4进2
43. 马八进六	马2进4	44. 仕五进六	炮6退2
45. 仕四进五	马4进2	46. 后马退八	炮6进6
47. 马六退七	马2进1	48. 马七进五	车4平2
49. 马五退四			

第84局 陶汉明胜柳大华

（2006年弈于哈尔滨启新高尔夫杯全国象棋甲级联赛）

1. 马八进七	卒3进1	2. 兵三进一	马2进3
3. 马二进三	车1进1	4. 车一进一	象7进5
5. 车九进一	马8进7	6. 炮八进四	马3进2
7. 相七进五	士6进5	8. 炮八平三	车1平4
9. 车九平六	车4进7	10. 车一平六	车9平6
11. 兵七进一	卒3进1	12. 相五进七	车6进4
13. 相七退五	卒1进1	14. 车六进二	马2退3
15. 马七进六	炮2进7	16. 仕六进五	车6平3
17. 炮二进一！（图1）	炮2退2?	18. 车六平七	车3进2
19. 炮二平七	马3进4	20. 炮七退一	炮8进4
21. 炮七平六	马4进2	22. 马六进四	马7退8
23. 兵九进一！（图2）	卒1进1	24. 马三进四	炮8退4

25. 炮六进六　炮8平6
26. 前马进二　炮6退1
27. 炮六平四　马8进6
28. 炮三平一　马2进3
29. 马四进六　卒1进1
30. 兵五进一　炮2进2
31. 马六进八　马3进1
32. 马八进七　将5平6
33. 马二退四　马1进3
34. 仕五退六　马3退4
35. 帅五进一　马6退8
36. 炮一退二　炮2退4
37. 炮一平二　将6进1
38. 炮二进四！马4退2
39. 炮二退七　士5进6
40. 炮二平四　将6平5
41. 马四进六　将5平4
42. 马六进八　将4平5
43. 炮四进四！卒5进1
44. 马七退六　将5退1
45. 马六进四　马8进6
46. 炮四进三　士4进5
47. 马四退五　马2进3
48. 帅五平四　炮2进3
49. 帅四进一　卒1平2
50. 马八退六

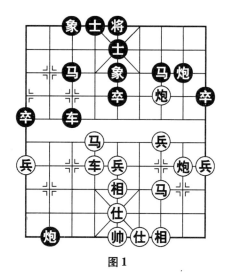

图1

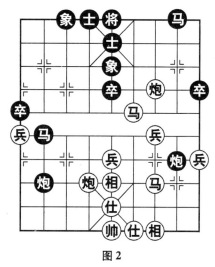

图2

第85局　洪智胜许国义

（2012年首届武工杯大武汉职工象棋邀请赛）

1. 马八进七　卒3进1
2. 兵三进一　马2进3
3. 马二进三　车1进1
4. 车一进一　象7进5
5. 车九进一　车1平6
6. 车一平四　士6进5
7. 炮八进四　马3进2
8. 车四进三　炮8平7

9. 车九平二 卒7进1　　10. 相三进五 卒7进1

11. 车四平三 车6进5　　12. 马三进四 炮7退2

13. 炮二进六 炮7平6　　14. 仕六进五 马8进6

15. 马四进六 马6进8　　16. 马六进七 马8进7

17. 炮二进一 炮6进2

18. 前马退八 炮2进2？（图1）

19. 车二进七 炮6进3

20. 兵七进一 卒3进1

21. 相五进七 炮6退4

22. 相七退五 车6退2

23. 马七进八 炮6平7

24. 炮二平六！ 士5退4

25. 车二平三 车9平6

26. 后车平六 前车退3

27. 帅五平六 前车平7

28. 车六进五 将5进1

29. 车六退一 将5退1

30. 炮八进三 象3进1

31. 车六进一 将5进1

32. 炮八平四 车7进1

33. 炮四退三 卒5进1

34. 车六退一 将5退1

35. 车六退一 象1进3

36. 炮四平六！（图2）将5进1

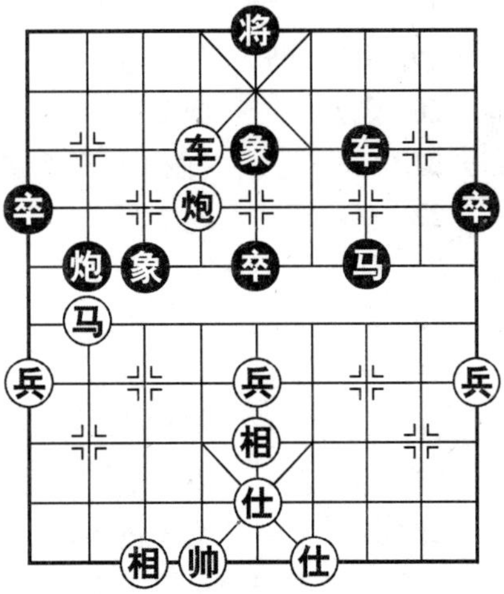

37. 马八退六 卒5进1

38. 马六进七 卒5进1

39. 马七进八 车7进1

40. 炮六退一 马7进6

41. 马八退六 炮2进5

42. 相七进九 将5平6

43. 炮六平八 车7进2

44. 车六进一 将6退1

45. 马六进七 车7平2

46. 车六退二 将6进1

47. 马七退五 将6平5

48. 马五进三 将5平6

49. 炮八平二 车2平8

50. 炮二进三

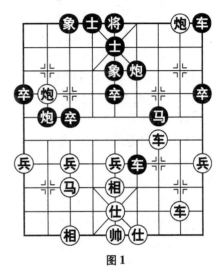

图1

图2

第86局　苗利明负何刚

（2006年弈于苏州第3届全国体育大会）

1. 马二进三　卒3进1	2. 兵三进一　马2进3
3. 马八进七　车1进1	4. 车一进一　象7进5
5. 车九进一　马8进6	6. 马三进四　车9平7
7. 车九平六　卒7进1	8. 炮二平三　炮8平7

9. 兵三进一　炮7进5

10. 炮八平三　车7进4

11. 车六进三　炮2进2?

12. 车一平八　车7进2

13. 相七进五　马6进8

14. 仕六进五　车1平3

15. 炮三平四　车7平6

16. 车八进三　马8进7

17. 车六进二　马3退1

18. 车八平六　士4进5

19. 马四进五　马7进8

20. 炮四平二　炮2退1

21. 后车平二!（图1）车6退3

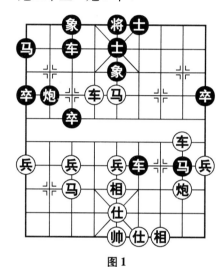

图1

22. 车二退一　炮2平5

23. 帅五平六　车3平2

24. 车二进二　车2进2

25. 车六进二　马1进3

26. 车二平七　炮5平3

27. 炮二进七　象5退7

28. 车七平三!　炮3进4

29. 车三进四　车6平4

30. 帅六平五　车2进6

31. 仕五退六?（图2）车2平4

32. 帅五进一　士5进4!

33. 车三退三　士6进5

34. 车三平六　车4退6

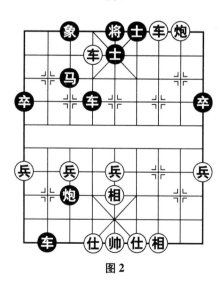

图2

35. 车六平八	马 3 进 4	36. 帅五退一	马 4 进 5
37. 车八退四	车 4 进 3	38. 车八平一	车 4 平 3
39. 车一进二	车 3 平 1	40. 相五退七	炮 3 退 3
41. 车一平三	炮 3 平 5	42. 相三进五	马 5 进 3
43. 仕四进五	车 1 平 8	44. 车三进三	士 5 退 6
45. 炮二平四	象 3 进 5	46. 炮四退一	将 5 进 1
47. 车三退一	车 8 进 3	48. 炮四退八	将 5 退 1
49. 车三退四	车 8 退 1	50. 炮四进六	车 8 平 5
51. 帅五平四	车 5 进 1	52. 帅四进一	马 3 进 4

第 87 局　高海军负王太平

（2012 年弈于晋中天生红杯晋中象棋擂台赛）

1. 马八进七	卒 3 进 1	2. 兵三进一	马 2 进 3
3. 马二进三	车 1 进 1	4. 车一进一	车 1 平 7
5. 炮八进四	卒 7 进 1	6. 炮八平七	卒 7 进 1
7. 炮七进三	士 4 进 5	8. 车九平八	卒 7 进 1
9. 马三退五	炮 2 进 2	10. 兵九进一	炮 8 进 4
11. 炮七平九	车 7 进 4	12. 马七进九	炮 8 平 5
13. 马五进六	车 9 进 2	14. 兵九进一	炮 2 进 1
15. 兵七进一?（图 1）卒 3 进 1		16. 马九进七	车 7 平 3
17. 车八进四	车 3 平 2		
18. 马六进八	车 9 平 4		
19. 车一平八?	车 4 进 5!		
20. 车八进二	车 4 平 5		
21. 仕四进五	车 5 平 8		
22. 车八平五	车 8 平 2		
23. 马八进七	车 2 退 4		
24. 马七退六	卒 1 进 1		
25. 车五平七	车 2 退 1		
26. 马六进四	车 2 平 1		
27. 马四进六	士 5 进 4		
28. 炮九平七	象 7 进 5		
29. 炮七退一	马 8 进 6		

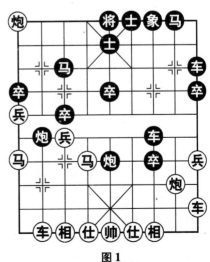

图 1

30. 车七平八? 车1退1　　　31. 炮七平八　卒1进1

32. 炮八退二　卒9进1　　　33. 马六退七　卒7进1

34. 炮八平六　车1退1　　　35. 车八平四　车1进3

36. 炮六退四　卒1平2　　　37. 马七退八　马6进7

38. 车四进三　卒2进1

39. 马八退九　卒5进1！（图2）

40. 车四平九　马3进1

41. 马九进七　卒2平3

42. 马七进五　马7进8

43. 炮六进四　卒3平4

44. 马五进四　卒5进1

45. 马四进二　象5进7

46. 炮六平二　马8进6

47. 炮二进三　士6进5

48. 马二进三　马1进3

49. 马三进一　将5平6

50. 帅五平四　马3退5

51. 马一进三　将6进1　　　52. 马三退二　将6退1

53. 马二退一

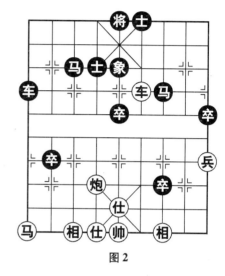

图2

第88局　苗利明胜申鹏

（2009年弈于昆明浩坤杯全国象棋个人赛）

1. 马八进七　卒3进1　　　2. 兵三进一　马2进3

3. 马二进三　车1进1　　　4. 车一进一　象7进5

5. 相七进五　马8进7　　　6. 炮八进四　车1平4

7. 炮八平三　马3进2　　　8. 车一平四　士6进5

9. 兵七进一　卒3进1　　　10. 车四进四　炮2平3

11. 相五进七　卒5进1　　　12. 车四平五　车4进2

13. 兵三进一　炮8进2！（图1）　　14. 兵三平二　车4平7

15. 马七退五　马2退4　　　16. 相七退九　马4退2

17. 兵二平三　车7平5　　　18. 车五平八　马2进3

19. 马五进四　马3进4?　　　20. 车九进一　车9平6

21. 马四进二　车5平3　　　22. 车九平六　马4进3

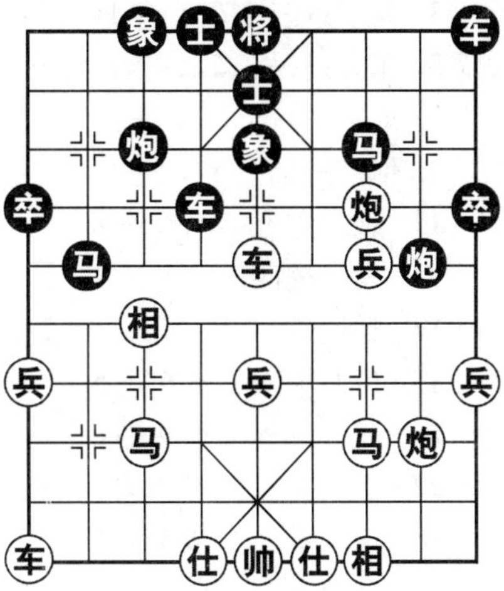

23. 兵三平四！　马7进5

24. 炮二退一　马5进4

25. 相九进七！　车3进2

26. 车八退四　马3退4

27. 车六进二　炮3平4

28. 车六平八　车3进4

29. 后车退一！（图2）车3退5

30. 前车退一　车6平7

31. 炮二平三　车7平8

32. 前车平四　车3进2

33. 车四进二　马4进2

34. 车八进二　马2退3

35. 相三进五　车3平4

36. 仕四进五　炮4平1

37. 炮三平四　车8平7

38. 炮四平三　车7平8

39. 炮三平四　车4退3

40. 车八平六　车4平2

41. 炮四进二　车8平7

42. 兵四平五　炮1平4

43. 车六平七　炮4平3

44. 车七平六　炮3平4

45. 车六平七　炮4平3

46. 车七平九　车7进4

47. 车四进一　车7进2

48. 前兵平六　车2进2

49. 炮四进一　马3进2

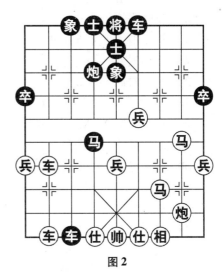

图1

图2

50. 车九平八　炮3平2

51. 车八平七　车2平4

52. 炮四平五　炮2进3

53. 车七进二　炮2退1

54. 车七平六

第89局　洪智负许国义

（2013年弈于武汉QQ游戏天下棋弈全国象棋甲级联赛）

1. 马八进七　卒3进1　　2. 兵三进一　马2进3

3. 马二进三　车1进1

4. 车一进一　象7进5

5. 车九进一　车1平7

6. 马三进二　车7平8

7. 炮二平一　马8进6

8. 车一平四　炮8平9

9. 炮八进二　卒7进1

10. 炮一平二　炮9平8

11. 炮二进五　马6进8

12. 兵三进一　马8进7

13. 马二进四　卒5进1

14. 兵五进一？（图1）炮2进2

15. 车九平六　士6进5

16. 马七进五　车9平6

17. 炮八退二　车8进6！

18. 炮八平九　卒5进1

19. 马四进六　车8平5

20. 车四平五　车5进1

21. 车六平五　车6进6

22. 马五退六　车6平4

23. 前马退八　马3进2

24. 炮九进四　马2进3

25. 马六进八　车4平7

26. 车五平四　车7进3

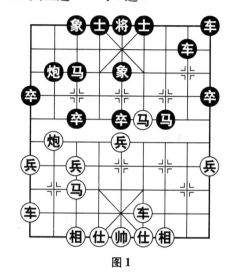

图1

27. 炮九退一　马7进8

28. 车四进二　马8进7

29. 车四退二　卒5进1

30. 仕六进五　马7退8

31. 马八进九　马3退5

32. 车四平二　马8进7

33. 帅五平六　马7退6

34. 炮九平八　车7退6

35. 炮八退二　马6退7

36. 炮八进二　马7进6

37. 炮八退二　马6进7

38. 炮八退二　车7平4

39. 炮八平六　马7退6

40. 车二进八　士5退6

41. 车二退一　卒3进1

42. 车二平八　马5进3！（图2）

43. 马九退七　卒3进1

44. 车八平七　卒3平2

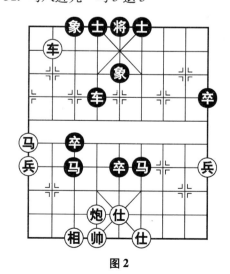

图2

45. 车七退六　车4进2　　　　46. 炮六进一　士6进5
47. 车七进四　卒9进1　　　　48. 车七退四　车4进1
49. 兵九进一　卒2平3　　　　50. 车七平九　车4退2
51. 炮六退一　车4平3　　　　52. 车九平四　卒3平4
53. 相七进九　车3进4　　　　54. 仕五进六　马6退7
55. 帅六平五　车3退1

第90局　陈寒峰负才溢

（2008年弈于义乌惠州华轩杯全国象棋甲级联赛）

1. 马八进七　卒3进1　　　　2. 兵三进一　马2进3
3. 马二进三　车1进1　　　　4. 车一进一　车1平7
5. 炮八进四　卒7进1　　　　6. 炮八平七　象7进5
7. 车九平八　炮2平1　　　　8. 马三进四　卒7进1
9. 马四进六　卒5进1　　　　10. 炮二平五　车7进2
11. 车八进六？士4进5　　　12. 车一平二　马8进6
13. 车二进四　车7平4
14. 车二平五　炮8进1！（图1）
15. 车八进一　车4平3
16. 车八平七　车3退1
17. 马六进七　炮8进4
18. 炮五退一　车9平8
19. 车五平四　马6进7
20. 前马退六　马7进6
21. 马六退四　卒7平6
22. 车四退一　车8平7
23. 车四平二　炮8平6
24. 车二退二　炮6退1
25. 相七进五　车7进3
26. 车二进二　炮6进1

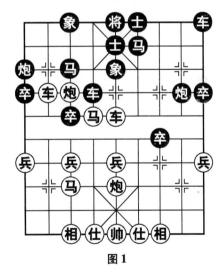

图1

27. 马七退九　炮6进1　　　　28. 马九退七　车7平4
29. 炮五平八　车4平2　　　　30. 炮八平九　炮1进4
31. 车二平九　炮1平5　　　　32. 炮九平五　炮5进2
33. 仕六进五　炮6退6　　　　34. 兵七进一　卒3进1
35. 车九平七　卒1进1

36. 马七进六　炮6平9　　37. 兵一进一　象3进1

38. 马六进五　象5退3　　39. 车七平六　车2平5

40. 马五进六　炮9退1　　41. 马六退五　车5平1

42. 马五退四　卒1进1　　43. 马四进三　卒1进1

44. 兵一进一　卒9进1　　45. 马三进一　炮9进1

46. 车六平三　卒1平2

47. 马一进三　炮9平4

48. 车三退一　卒2进1

49. 马三退五　炮4平5

50. 车三平六　卒2平3

51. 马五退七　象1进3

52. 马七退五　卒3进1

53. 马五进四　炮5进2

54. 车六进二　车1进6

55. 车六退五　车1退1

56. 马四退五　卒3平4

57. 车六平七　将5平4

58. 马五进七?　车1平3!（图2）

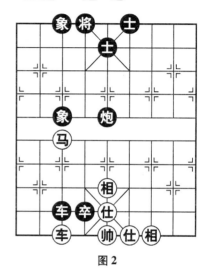

图2

第 91 局　许银川胜程鸣

（2013 年弈于淮安第 5 届淮阴·韩信杯象棋国际名人赛）

1. 马八进七　卒3进1

2. 兵三进一　马2进3

3. 马二进三　车1进1

4. 车一进一　象7进5

5. 车九进一　车1平7

6. 马三进四　卒7进1

7. 兵三进一　车7进3

8. 车九平三　炮2进2（图1）

9. 相七进五　马8进7

10. 兵七进一　卒3进1

11. 车三进四　象5进7

12. 相五进七　士6进5

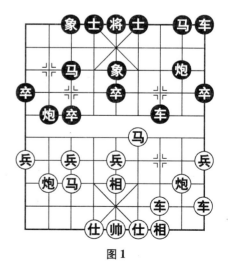

图1

13. 炮二平四	车 9 平 8	14. 车一平三	象 3 进 5
15. 相七退五	炮 8 平 9	16. 马七进六	车 8 进 5
17. 马六进八	马 3 进 2	18. 马四进六	马 7 进 6
19. 马六进四	炮 9 平 6	20. 车三进四	车 8 进 1
21. 兵五进一	车 8 平 9	22. 车三平二	车 9 平 7
23. 兵五进一	卒 5 进 1	24. 马四退六	炮 6 进 5
25. 炮八平四	马 2 退 4	26. 马六进八	车 7 退 2
27. 车二进一	卒 5 进 1	28. 车二平一	车 7 进 2
29. 仕四进五	象 5 退 7?	30. 车一平五	象 7 进 5
31. 车五退二	车 7 平 1	32. 车五平一	象 5 退 7
33. 车一平四	马 6 退 5	34. 车四平三	马 4 退 6
35. 炮四平一	车 1 平 9	36. 车三进二	卒 1 进 1
37. 炮一平三	车 9 平 2	38. 车三平四	车 2 平 3
39. 相五进七	车 3 平 7	40. 炮三平八	车 7 进 3
41. 仕五退四	将 5 平 6	42. 马八进九	马 5 进 4
43. 车四退三	车 7 退 6	44. 炮八进七	将 6 进 1
45. 车四平一	马 6 进 8	46. 炮八退七	车 7 平 5
47. 仕四进五	车 5 平 3		
48. 车一平四	士 5 进 6		
49. 车四平六	马 4 进 6		
50. 车六进六	车 3 进 2		
51. 车六退一	士 6 退 5		
52. 炮八平四	马 6 进 5		
53. 车六退二	马 8 进 7		
54. 炮四退一	将 6 退 1?		
55. 马九退八	车 3 进 1		
56. 仕五进四!（图2）	将 6 平 5		
57. 车六平三	马 5 进 3		
58. 帅五平四	象 7 进 5		
59. 车三退二	车 3 退 3		
60. 炮四平五			

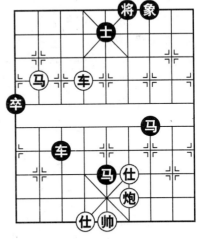

图 2

第92局　陈建国胜焦明理

（2004年弈于杭州将军杯全国象棋甲级联赛）

1. 马八进七　卒3进1		2. 兵三进一　马2进3
3. 马二进三　车1进1		4. 车一进一　象7进5
5. 车九进一　车1平6		6. 车九平四　士6进5
7. 马三进二　马3进4		8. 马二进三　车6进7
9. 车一平四　马8进7		10. 车四进四　炮2进2
11. 车四进三　炮2退3		12. 车四退三　炮2进3
13. 车四进三　炮2退3		14. 车四退五　车9平6
15. 车四进六　马7退6		16. 炮八平九　炮8进4
17. 炮九进四　炮8平3		18. 相七进五　炮3平9
19. 兵九进一　马6进8		20. 马三退二　马4进3
21. 炮二进六　炮2平8		22. 炮九平一　卒5进1

23. 炮一平七　马3退1

24. 马二进三　炮8进6

25. 马七退八　卒5进1？（图1）

26. 兵五进一　炮9平5

27. 仕六进五　卒3进1

28. 马八进六　炮5平7

29. 马三进一　卒3平4

30. 兵五进一　卒4进1

31. 马一退二　炮7平6

32. 马二退四　炮8进1？

33. 马六退八　马1进2

34. 马八进七　卒4平5

35. 马七进五　卒3平4

36. 马五进六　炮8平6

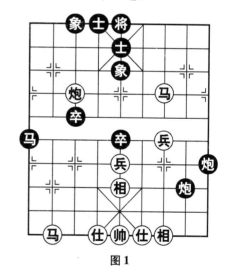

图1

37. 马四进三　马2进1	
38. 炮七平五　后炮退4	39. 马三退四　后炮平7
40. 相三进一　马1退3	41. 帅五平六　将5平6
42. 马六退八　卒4平3	43. 炮五平七　卒3平2
44. 兵五进一　炮7平8	45. 马八退六　马3退1
46. 马四进六　象5退7	47. 相五退七！（图2）马1进2

48. 后马进七　卒 2 进 1
49. 马六退五　炮 6 平 9
50. 马七退九　炮 8 进 6
51. 相七进五　卒 2 平 3
52. 马九退七　卒 3 进 1
53. 帅六平五　炮 8 退 6
54. 仕五退六　炮 8 进 4
55. 马五退三　炮 9 进 1
56. 相五退三　卒 3 平 4
57. 兵三进一　士 5 进 4
58. 兵五平六　象 7 进 5
59. 兵三平四　炮 8 退 5
60. 兵四平五　炮 8 平 1

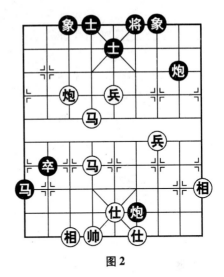

图 2

61. 炮七平九　马 2 退 3	62. 仕六进五　炮 1 平 5
63. 仕五进六　炮 5 进 3	64. 兵六进一　象 5 进 3
65. 炮九平五　士 4 进 5	66. 兵六进一　士 5 进 4
67. 马三进四　炮 9 退 1	68. 炮五平六　炮 9 平 5
69. 相三进五　前炮平 7	70. 仕四进五　卒 4 平 3
71. 马四退六　炮 5 退 2	72. 马六进七　炮 7 退 6
73. 相一进三　将 6 进 1	74. 炮六平七　马 3 退 1
75. 前马进五　炮 7 平 8	76. 炮七进二　将 6 退 1
77. 炮七退七	

第 93 局　王天一胜聂铁文

（2012 年磐安伟业杯全国象棋个人赛）

1. 兵三进一　卒 3 进 1	2. 马二进三　马 2 进 3
3. 马八进七　车 1 进 1	4. 车一进一　象 7 进 5
5. 车九进一　车 1 平 6	6. 车九平四　士 6 进 5
7. 相七进五　车 6 进 7	8. 车一平四　马 8 进 7
9. 炮八进四　马 3 进 4	10. 炮八平三　炮 8 平 9
11. 炮三平九　车 9 平 8	12. 炮二进四　马 4 进 3
13. 车四进二　卒 9 进 1	14. 炮九平七　马 3 退 4
15. 炮二平三　车 8 平 6	16. 车四进六　马 7 退 6

17. 马七进六　马6进8

18. 马六进四　马8进7

19. 炮七平三　炮2进5

20. 相五退七　卒3进1

21. 炮三平二　炮2退3？（图1）

22. 炮二退一　炮2平6

23. 炮二平六　炮6退3

24. 相三进五　卒3平2

25. 仕四进五　炮6平7

26. 马三进四　炮9进4

27. 兵九进一　卒2平1

28. 马四进五　士5进6

29. 马五进三　炮9平8

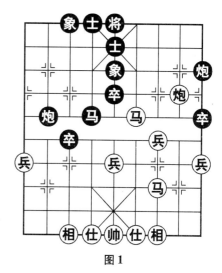

图1

30. 马三退四　炮7平6

31. 马四进二　士4进5

32. 兵五进一　炮8平2

33. 炮六平九　象3进1

34. 兵五进一　炮2退2

35. 兵五进一　象1进3

36. 兵五进一　象3退5

37. 炮九平一　将5平4

38. 炮一进二　象5进3

39. 马二退一　炮6平9

40. 马一退三　炮2进1

41. 马三进五　炮2平4

42. 马五进六　卒1平2

43. 兵三进一　炮4进1

44. 兵三平四　炮9平8

45. 炮一平二　炮8平9

46. 炮二平一　炮9平8

47. 马六退五　炮4退1

48. 兵四平五　炮8进1

49. 马五进三　炮4退3

50. 炮一退三　卒2进1

51. 兵五平六　炮8进2

52. 马三退二　象3退5

53. 炮一退一　卒2进1

54. 炮一退一　卒2进1

55. 炮一退一　卒2进1

56. 相七进九　炮4退1

57. 马二进四　炮8进4

58. 炮一进二　士5进4

59. 马四进三　象5进7

60. 兵六平五　炮8平7

61. 马三退一　象7退5

62. 马一退三　炮7平8

63. 仕五进四　炮8平9

64. 仕六进五　士6退5

65. 兵五进一　象5进7

66. 马三进五　将4平5

67. 相五进三　将5平6

68. 炮一平三　象7退9

69. 马五进三　象9退7

70. 相三退一　象7进9

71. 仕五退四　炮4平2

72. 帅五进一　卒 2 平 1　　　　**73.** 相一进三　象 9 退 7

74. 炮三平一！（图2）炮 9 平 7　　**75.** 炮一进六　象 7 进 5

76. 马三进一　将 6 平 5　　　　**77.** 兵五进一

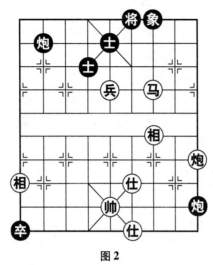

图2

第 94 局　陈建国胜徐超

（2004 年弈于杭州将军杯全国象棋甲级联赛）

1. 马八进七　卒 3 进 1　　　　**2.** 兵三进一　马 2 进 3

3. 马二进三　车 1 进 1　　　　**4.** 车一进一　马 8 进 9

5. 炮八平九　车 1 平 7　　　　**6.** 车九平八　卒 7 进 1

7. 兵三进一　车 7 进 3　　　　**8.** 车八进六　炮 2 平 1

9. 马三进四　炮 8 平 7　　　　**10.** 车八平七　象 7 进 5

11. 相三进一　车 7 平 6　　　　**12.** 车一平三　炮 7 平 6

13. 炮二平四　车 6 进 1　　　　**14.** 炮四进五　车 6 退 3

15. 车七进一　车 9 进 1　　　　**16.** 兵七进一　车 9 平 6

17. 仕四进五　前车进 3　　　　**18.** 车三进三　前车平 7

19. 相一进三　车 6 进 4　　　　**20.** 相七进五　卒 3 进 1

21. 车七退三　车 6 平 3　　　　**22.** 相五进七（图1）卒 9 进 1

23. 炮九进四　马 9 进 8　　　　**24.** 炮九平八　马 8 进 9

25. 相七退五　马 9 进 7　　　　**26.** 兵五进一　炮 1 退 1

27. 炮八进二　炮 1 进 3　　　　**28.** 炮八退三　炮 1 退 3

29. 炮八进三　炮1进3

30. 马七进六　炮1平4

31. 兵九进一　炮4平8

32. 炮八退六　马7退6

33. 炮八进二　炮8进1

34. 马六进八　象5进3？

35. 马八进七　马6退7

36. 马七退五　象3退5

37. 相五进七　卒9进1

38. 兵九进一　士6进5

39. 相三退五　卒9进1

40. 仕五进四　卒9平8

41. 仕六进五　卒8平7

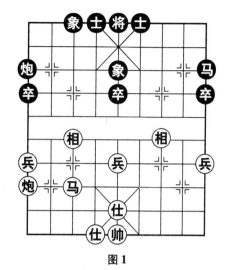

图1

42. 马五进七　炮8退1

43. 兵九平八　卒7平6

44. 兵八进一　象5进7

45. 炮八平九　卒6平5

46. 帅五平六　卒5平4

47. 相七退九　士5进4

48. 兵八平七　炮8退2

49. 马七退九　炮8进1

50. 马九进八　士4退5

51. 炮九进二　炮8退2

52. 马八进六　士5退4

53. 炮九平三　炮8进2

54. 炮三进二　炮8进1

55. 炮三平八　士4进5

56. 炮八退八　卒4平5

57. 帅六进一　象3进5

58. 相五进三　炮8进4

59. 仕五进六　炮8退4

60. 炮八平五　卒5平4

61. 仕六退五　将5平4？（图2）

62. 炮五平六　炮8进4

63. 仕五退四　炮8退7

64. 炮六进三　士5进6

65. 兵五进一　士6退5

66. 兵五平六　将4平5

67. 炮六平五　炮8进3

68. 兵六进一　炮8退1

69. 帅六平五　炮8平6

70. 兵七进一　炮6退1

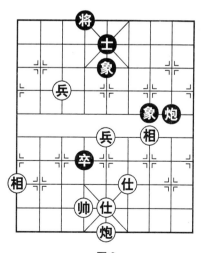

图2

71. 兵七平六	炮 6 退 1	72. 帅五进一	炮 6 平 8
73. 仕四退五	炮 8 平 7	74. 帅五平四	炮 7 平 6
75. 仕五进六	炮 6 平 7	76. 炮五退三	炮 7 平 6
77. 前兵平五	象 7 退 5	78. 兵六进一	将 5 平 4
79. 兵六平五	士 5 退 6	80. 帅四平五	炮 6 平 4
81. 兵五平六	炮 4 平 5	82. 兵六进一	

第 95 局　李鸿嘉胜阎文清

（2005 年弈于广州启新高尔夫杯全国象棋甲级联赛）

1. 马八进七	卒 3 进 1	2. 兵三进一	马 2 进 3
3. 马二进三	车 1 进 1	4. 车一进一	象 7 进 5
5. 车九进一	马 8 进 7	6. 相七进五	车 1 平 6
7. 兵七进一	卒 3 进 1	8. 相五进七	卒 7 进 1
9. 兵三进一	象 5 进 7	10. 车一平六	象 7 退 5
11. 相七退五	士 6 进 5	12. 车六进七	马 7 进 6
13. 马三进四	马 6 退 7	14. 马四退六	车 9 平 6
15. 仕六进五	士 5 进 4	16. 车六平四	车 6 进 1
17. 马七进八	炮 2 进 5	18. 炮二平八	车 6 进 3

19. 兵五进一　士 4 退 5？（图 1）

20. 车九平七	马 3 退 1
21. 车七进三	车 6 进 2
22. 车七平六	马 1 进 3
23. 车六进二	炮 8 进 1
24. 车六进二	炮 8 退 2
25. 炮八平七	象 3 进 1
26. 车六退二	炮 8 进 2
27. 车六进二	炮 8 退 2
28. 车六退二	炮 8 进 2
29. 车六进二	炮 8 退 2
30. 车六退二	炮 8 进 2
31. 车六进二	车 6 退 2
32. 车六平八！	车 6 平 2

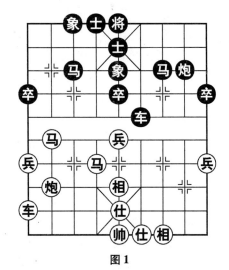

图 1

| 33. 车八平七 | 马 3 进 4 |
| 34. 炮七平八 | 马 4 进 2 | 35. 炮八进三 | 马 2 进 4 |

36. 车七退五　马4退3　　　37. 车七平三　马7退6

38. 车三进三　炮8退3　　　39. 车三平二　炮8平7

40. 车二平一　象1退3

41. 车一平三！（图2）马3进5

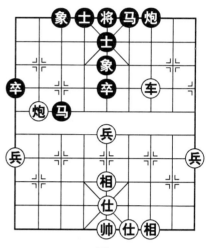

图2

42. 车三平五　马5退3

43. 车五平九　炮7进4

44. 车九平八　炮7平2

45. 车八退一　马6进8

46. 兵九进一　马8进6

47. 兵一进一　马3退4

48. 车八平四　马6进8

49. 车四平二　马8退6

50. 兵九进一　马6进7

51. 兵一进一　马7退6

52. 兵九平八　士5退6

53. 车二退一　士4进5　　　54. 兵一平二　将5平4

55. 兵二进一　马6进8　　　56. 车二进二　将4平5

57. 车二平六　象3进1　　　58. 相五进七　象5退3

59. 仕五退六　象3进5　　　60. 帅五进一　象1退3

61. 兵八平七　马4进2　　　62. 兵七平八　马2退4

63. 相七退九　象3进1　　　64. 相三进五　象5退3

65. 相五进七　象3进5　　　66. 帅五退一　象1退3

67. 兵八平七　马4退2　　　68. 兵七平六　马2进4

69. 车六平七　马4退2　　　70. 车七平八　马2退4

71. 车八平七　象3进1　　　72. 兵六进一　象5退3

73. 帅五进一　马4进5　　　74. 车七进一　马5进6

75. 兵六平七　马6退5　　　76. 兵七平八　马5进4

77. 车七退二　马4进6　　　78. 车七平九　马6进4

79. 帅五平四　士5退4　　　80. 车九平六　马4进2

81. 兵八进一　马2退1　　　82. 车六平九　马1退3

83. 兵八进一　马3退4　　　84. 车九进二

第三章　炮八平九

第96局　林宏敏负许银川
（1993年弈于南京全国象棋团体赛）

1. 马八进七　卒3进1
2. 兵三进一　马2进3
3. 马二进三　车1进1
4. 炮八平九（图1）　马3进2
5. 马三进四　马8进7
6. 炮二平五　象7进5
7. 车一平二　车9平8
8. 马四进五　炮8平9
9. 车二进九　马7退8
10. 车九进一　马8进6
11. 车九平四？马2进3
12. 车四进四　车1平3
13. 马五退四　马6进8

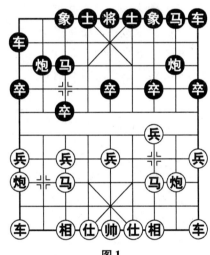

图1

14. 兵五进一　车3平6？
15. 车四进三　马8退6
16. 兵五进一　炮2进3
17. 马七进五　马3进5
18. 相三进五　炮2平5
19. 仕四进五　炮9进4
20. 马五退三　炮9平2
21. 炮九进四　卒9进1
22. 兵五进一　炮2平7
23. 兵五平四　卒9进1
24. 马四进三　炮7退3
25. 兵四平三　马6进7
26. 炮九平五　士4进5
27. 兵三进一　马7退6
28. 炮五退一　马6进5
29. 兵三平四　卒3进1
30. 马三进五　卒3平4
31. 马五进三　马5进3

32. 马三进二　卒9平8

33. 兵四进一？　马3进4

34. 帅五平四　炮5平6！（图2）

35. 帅四平五　卒8进1

36. 仕五进六？　马4进6

37. 帅五进一　卒4进1

38. 炮五平六　卒4进1

39. 马二进三　将5平4

40. 兵四平五　炮6退4

41. 兵五平六　将4平5

42. 炮六平五　将5平4

43. 炮五平六　将4平5

44. 炮六平五　卒8平7

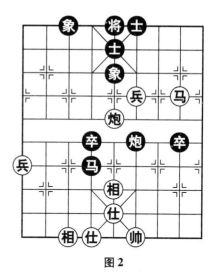

图2

45. 兵六进一　卒7进1

46. 兵六进一　卒7进1

47. 炮五平四　士5进4

48. 兵九进一　士6进5

49. 炮四退二　马6退8

50. 炮四平八　马8退7

第97局　李进负蔡佑广

（2013年广东东莞凤岗镇象棋赛公开赛）

1. 马八进七　卒3进1

2. 兵三进一　马2进3

3. 马二进三　车1进1

4. 炮八平九　马3进2

5. 兵九进一　马2进3

6. 车九平八　象7进5

7. 车八进六　马3进1

8. 相七进九　卒7进1！（图1）

9. 兵三进一　车1平7

10. 马三进四　车7进3

11. 马七进六　马8进6

12. 马六进五？　马6进5

13. 马四进五　车7进3

14. 炮二进二　车7退2

15. 炮二进一　车7进1

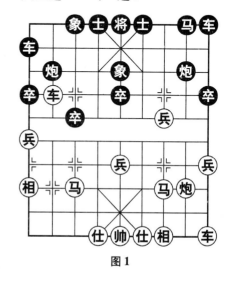

图1

16. 炮二退三　车9平7
17. 马五退六　前车平5
18. 炮二平五　士6进5
19. 车一平二　车5退1
20. 车八平六　车7进5
21. 马六进七　炮8平7
22. 车二进九　炮7退2
23. 仕六进五　车7进4！（图2）
24. 车六退四　炮2平3

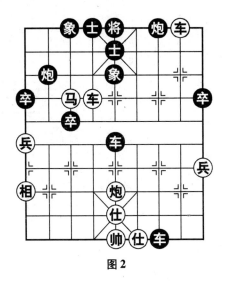

图2

第98局　朱少均胜李鸿嘉

（2013年晋江市第四届张瑞图杯象棋个人公开赛）

1. 马八进七　卒3进1
2. 兵三进一　马2进3
3. 马二进三　车1进1
4. 炮八平九　马3进2
5. 兵九进一　象7进5
6. 兵九进一　马2进3
7. 炮九进四　马8进6
8. 车九平八　卒7进1！（图1）
9. 兵三进一　车9平7
10. 马三进四　车7进4
11. 相三进五　卒3进1
12. 车一平三　车7平1
13. 炮九平一　前车平9
14. 炮一平四　车1进3
15. 车三进八　车1平6？
16. 炮四进三　马6进7
17. 车三退二　车6退4
18. 马四进五　马3进5？（图2）
19. 相七进五　车6进7
20. 炮二进二　车6平5
21. 仕六进五　车5平3

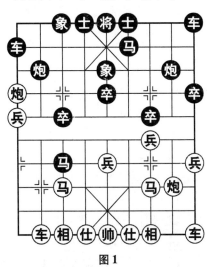

图1

22. 车三平二！卒3平2　　**23.** 车八平六　炮8平7

24. 马五进三　炮2平7　　**25.** 车二平三　炮7平8

26. 车六进八

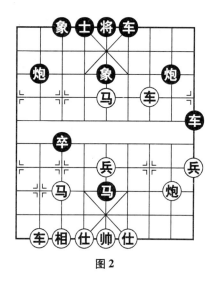

图2

第99局　胡庆阳负陈翀

（2003年弈于宁波磐安伟业杯全国象棋大师冠军赛）

1. 马八进七　卒3进1　　　　**2.** 兵三进一　马2进3

3. 马二进三　车1进1

4. 炮八平九　马3进4

5. 车九平八　象7进5

6. 车八进四　马4进3

7. 炮九退一　马8进6

8. 马三进四　炮2平3

9. 炮二进四　车1平4

10. 车一进二　车4进7

11. 炮九进五　士6进5

12. 仕六进五　车9平7

13. 炮九平七　卒7进1

14. 车八进四　卒7进1！（图1）

15. 车八平六　炮3平4

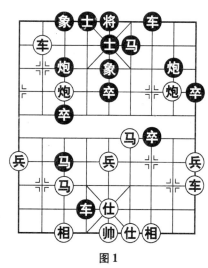

图1

116

16. 炮七退三　象3进1
17. 炮二退五　车4退5
18. 炮七平八　车4平2
19. 马四进六　车2进3
20. 车一平四　马6进7！（图2）
21. 车六平九　马7进6
22. 马六退四　卒7平6
23. 车四进二　车7进9
24. 车九退一　车7平8
25. 炮二平四　车2平3
26. 马七退九　炮8平7

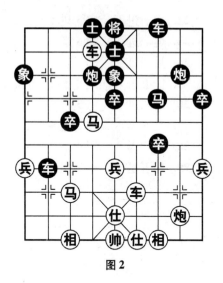

图2

第100局　刘勤负许银川

（2007年弈于澳门第10届世界象棋锦标赛）

1. 马八进七　卒3进1	2. 兵三进一　马2进3
3. 马二进三　车1进1	4. 炮八平九　马3进2
5. 炮二进三　马2进3	6. 车九平八　炮2平3
7. 车八进三　马8进7	8. 车一进一　车9进1

9. 车一平四？　车1平2
10. 车八进五　车9平2
11. 炮九进四　车2进6
12. 炮二退三　车2退4
13. 炮九退一　车2平1
14. 兵三进一？（图1）车1进1
15. 兵三进一　马7退5
16. 车四进四　象3进5
17. 马三进四　马5退3
18. 相三进五　后马进2
19. 炮二进三　车1退3
20. 仕四进五　车1平4
21. 炮二退二　马3进5

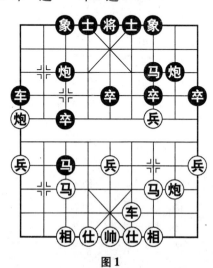

图1

22. 相七进五　炮 3 进 5

23. 炮二进三　炮 8 退 1

24. 兵三进一　车 4 进 7

25. 仕五进六　炮 8 平 2！（图 2）

26. 仕六进五　炮 3 进 2

27. 马四退六　马 2 退 4

28. 马六退八　车 4 平 2

29. 相五退七　车 2 退 1

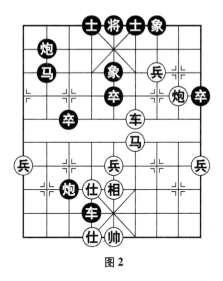

图 2

第 101 局　庞才良负党斐

（2013 年国安·香桥杯第二届中国柳州象棋大奖赛）

1. 马八进七　卒 3 进 1　　2. 兵三进一　马 2 进 3

3. 马二进三　车 1 进 1　　4. 炮八平九　马 3 进 2

5. 马三进四　象 7 进 5　　6. 马七退五？马 8 进 6

7. 马五进三　车 9 平 7　　8. 炮二退一　马 2 进 3

9. 炮九退一　卒 3 进 1

10. 车九平八　炮 2 进 6

11. 相七进五　卒 7 进 1

12. 相五进七　炮 2 平 6

13. 兵三进一　车 7 进 4

14. 炮二平三　车 7 平 3

15. 炮九平七　车 1 平 4

16. 车一平二　马 3 进 4！（图 1）

17. 炮三平六　炮 6 平 3

18. 炮六平四　炮 8 平 7

19. 相七退五　炮 7 进 4

20. 炮四平一　车 4 进 4

21. 马四进二　炮 7 退 6

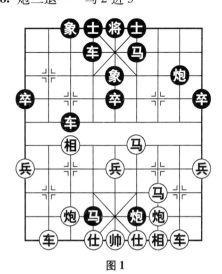

图 1

22. 车八平七　马6进7
23. 马二进三　卒9进1
24. 车二进六　马7进5
25. 车二平四?　士4进5
26. 前马退五　车4退2
27. 车四退一?（图2）车4平5
28. 炮一进四　车5平7
29. 马三退五　马5进3!

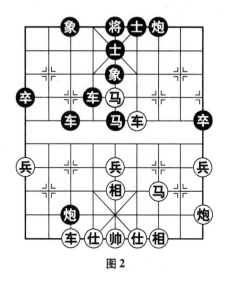

图2

第102局　李鸿嘉负张福生

（2012年重庆首届长寿健康杯象棋公开赛）

1. 马八进七　卒3进1　　　2. 兵三进一　马2进3
3. 马二进三　车1进1　　　4. 炮八平九　马3进2
5. 兵九进一　马2进3　　　6. 车九平八　炮2平3
7. 车八进六　马3进1?（图1）　8. 相七进九　卒7进1
9. 兵三进一　车1平7
10. 马七进六　车7进3
11. 马三进四　象7进5
12. 马六进五　车7进2
13. 马五进七　炮8平3
14. 炮二平五　士6进5
15. 马四进六　炮3平4
16. 兵五进一　马8进7
17. 车一平二　马7进6
18. 兵五进一　车7平4
19. 仕六进五　马6进7
20. 马六进五!　象3进5
21. 炮五进五　士5退6

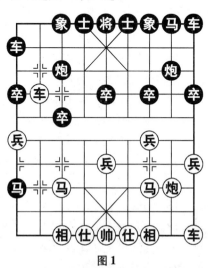

图1

22. 车八平四　　车9进2

23. 炮五退一？（图2）炮4进1！

24. 车四退四　　车9平2

25. 车四平七　　车2进7

26. 车七退二　　车2平3

27. 相九退七　　炮4平2

28. 车二进七　　车4退3！

29. 车二平五　　士4进5

30. 车五平三　　炮2平5

31. 兵五进一　　车4进3

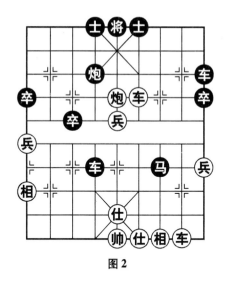

图2

第103局　谢云胜玉思源

（2009年弈于昆明浩坤杯全国象棋个人赛）

1. 马八进七　　卒3进1	2. 兵三进一　　马2进3
3. 马二进三　　车1进1	4. 炮八平九　　车1平7
5. 车九平八　　炮2平1	6. 马三进四　　卒7进1
7. 炮二平三　　象7进5	8. 车一平二　　炮8平7

9. 兵三进一　　炮7进5

10. 炮九平三　　车7进3

11. 车二进八　　车7平6

12. 车八进四　　马8进6

13. 车二平三　　炮1退1

14. 车三退四　　马6进8

15. 炮三平四　　车6平7

16. 车三平二　　炮1平6！（图1）

17. 炮四平五　　车7进5

18. 马四进五　　马8进6

19. 仕六进五　　士6进5？

20. 马五进七　　车9平6

21. 炮五平四　　炮6进6

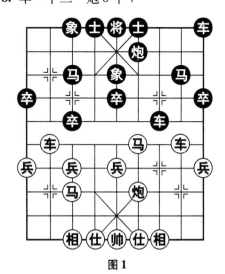

图1

22. 仕五进四　马6进4
23. 后马退五！（图2）车7平9
24. 马七退六　车6进7
25. 车二进五　士5退6
26. 马五进三　车6平7
27. 车八平四　士4进5
28. 马六进四　象5退7
29. 车二退七　车7退1
30. 车四平三　车7平5
31. 车二平五　车5平4
32. 车五进六

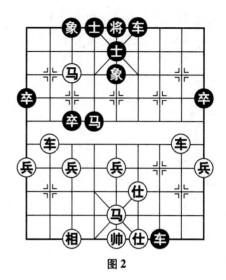

图2

第104局　欧照芳负刘宗泽

（2012年重庆第二届川渝象棋群杯象棋赛）

1. 马八进七　卒3进1
2. 兵三进一　马2进3
3. 马二进三　车1进1
4. 炮八平九　马3进2
5. 马三进四　象7进5
6. 炮二平四　马8进6
7. 车一平二　车1平4
8. 车二进五　卒7进1
9. 兵三进一　车9平7
10. 相七进五　车7进4
11. 车二平三　象5进7
12. 兵七进一　卒3进1
13. 相五进七　马2进4！（图1）
14. 相七退五　炮2平7
15. 车九进一？炮7进7
16. 相五退三　马4进3
17. 车九平七　马3退2
18. 炮九平五　车4进4
19. 马四进五　马6进5
20. 炮五进四　炮8平7
21. 炮四平五？（图2）炮7进7

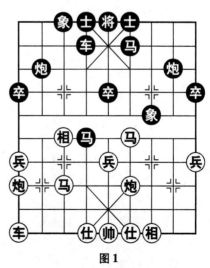

图1

121

22. 仕四进五　炮 7 退 3

23. 车七进八　炮 7 平 1

24. 车七退九　将 5 进 1

25. 车七进八　将 5 进 1

26. 仕五进六　车 4 进 2

27. 车七退四　车 4 平 2

28. 帅五平四　炮 1 进 1！

29. 后炮平九　马 2 进 1

30. 兵五进一　车 2 平 6

31. 帅四平五　车 6 平 9

32. 兵五进一　马 1 进 3

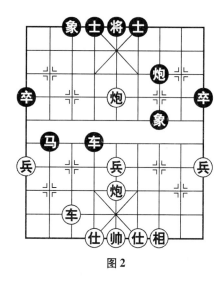

图 2

第 105 局　洪智胜徐天红

(2011 年弈于吕梁飞通杯全国象棋冠军邀请赛)

1. 马八进七　卒 3 进 1　　　2. 兵三进一　马 2 进 3

3. 马二进三　车 1 进 1　　　4. 炮八平九　马 3 进 2

5. 兵九进一　象 7 进 5　　　6. 兵九进一　马 2 进 3

7. 炮九进四　车 1 平 6　　　8. 车九平八　车 6 进 5

9. 相三进五　马 8 进 6

10. 车八进四　炮 8 平 9

11. 车八平四！(图 1)　车 6 平 7

12. 车一平三　车 9 平 8

13. 马三退五　车 7 平 9

14. 炮二平四　马 6 进 4

15. 马五进三　车 9 退 2

16. 车四平八　炮 2 退 1

17. 马三进四　炮 2 平 7

18. 车八平六　士 6 进 5？

19. 炮九平七　马 3 进 5

20. 相七进五　马 4 进 5

21. 车六进二　卒 7 进 1

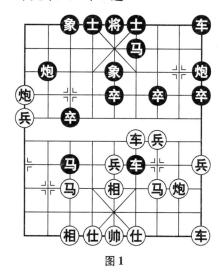

图 1

22. 炮四平三　　车8平6
23. 车六平五　　车6进5
24. 车五退一　　车6进2
25. 马七进六　　车9进5
26. 车五平四！（图2）车6平5
27. 马六退五　　车9平7
28. 炮三退一　　车7平8
29. 车四进一　　车8退3
30. 炮三进二　　炮9平6
31. 炮七平五　　将5平6
32. 兵五进一　　车8退1
33. 车四平一

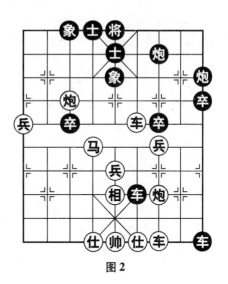

图2

第106局　尤颖钦胜张婷婷

（2008年弈于顺德松业杯全国象棋个人赛）

1. 马八进七　　卒3进1
2. 兵三进一　　马2进3
3. 马二进三　　车1进1
4. 炮八平九　　车1平7
5. 车九平八　　马8进9
6. 车八进四　　炮2平1
7. 兵七进一　　卒3进1
8. 车八平七　　象7进5
9. 马三进四　　炮1退1
10. 相三进五　　炮1平3
11. 车七平六　　炮8进3？（图1）
12. 车六进三　　炮8平6
13. 车六平七　　车9平8
14. 炮二平四　　车8进6
15. 兵五进一　　炮6退2
16. 兵一进一　　卒7进1
17. 兵三进一　　炮3进6
18. 炮四平七　　车7进3
19. 炮七进七　　象5退3
20. 车七平一　　炮6进3
21. 前车退一　　炮6平5

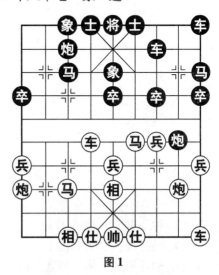

图1

123

22. 仕四进五　车7平3

23. 前车平四　士4进5

24. 帅五平四　车8退1

25. 炮九进四　车8平5

26. 炮九进三　象3进5

27. 炮九平四！(图2)车5退1

28. 车一平二　车5平7

29. 炮四退一　车7平8

30. 车二进五　车3平8

31. 车四平五　车8平6

32. 帅四平五　车6退3

33. 车五退三　车6平9

34. 车五进一

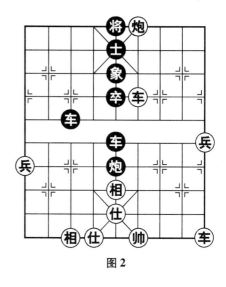

图2

第107局　胡庆阳负金松

(2003 年弈于宁波磐安伟业杯全国象棋大师冠军赛)

1. 马八进七　卒3进1　　　　2. 兵三进一　马2进3

3. 马二进三　车1进1　　　　4. 炮八平九　马3进2

5. 马三进四　炮8平5?　　　　6. 车一平二　马8进7

7. 炮二平三　车9平8　　　　8. 车二进九　马7退8

9. 仕六进五　车1平6

10. 马四进三?(图1)炮5平7

11. 相七进五　车6进2

12. 车九平六　象7进5

13. 炮九进四　卒5进1

14. 炮九进三　马8进6

15. 兵三进一　士6进5

16. 车六进四　马6进8

17. 兵七进一　卒3进1

18. 车六平七　炮7进2

19. 相三进一　炮2进1！

20. 马三进二　炮2退1

21. 炮九平八　炮2平4

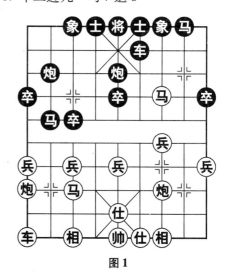

图1

22. 炮八退一 士5退6
23. 炮三平二 炮7进3！（图2）
24. 车七平八 炮7平9
25. 车八进一 炮9进2
26. 炮二退二 马8进7
27. 车八进二 车6平8
28. 车八平六 车8进6
29. 马二进四 将5平6
30. 帅五平六 车8退8
31. 相五退三 车8平2
32. 车六进二 将6进1
33. 马七进六 车2进8
34. 帅六进一 炮9退1
35. 仕五进四 车2退6

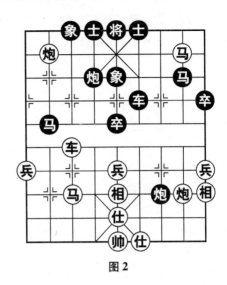

图2

第108局 秦荣负党斐

（2011年广西北流市新圩镇第五届大地杯象棋公开赛）

1. 马八进七	卒3进1	2. 兵三进一	马2进3
3. 马二进三	车1进1	4. 炮八平九	马3进2
5. 马三进四	象7进5	6. 炮二平四	马8进7

7. 车一平二 车9平8
8. 相七进五 炮8进5
9. 车二进一（图1） 马2进3
10. 车九平八 炮2平3
11. 车八进七 马3进1
12. 车八平七 马1退3
13. 车二平六 车8进6
14. 仕六进五 车1平2
15. 车六进二 车8平6
16. 马四进三 马3进1
17. 帅五平六 士4进5
18. 马三进五！象3进5
19. 车七平五 车2退1

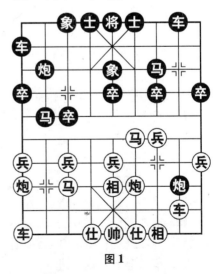

图1

20. 车五平三　马1进3

21. 车三平二　炮8平7

22. 车二平五　卒3进1

23. 车六进五！车6退5

24. 兵三进一　卒3进1

25. 马七退九　卒3平4

26. 车五平七　炮7进1

27. 炮四平一　车6进2

28. 车七退五　卒4平5

29. 马九进八？前卒进1

30. 相三进五　马3退5

31. 车七平五　车2进6

32. 仕五进四　炮7退1！（图2）

33. 炮一平二　士5进4

35. 炮二平五　车2平5

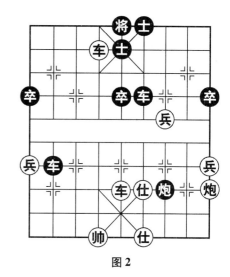

图2

34. 车六退一　炮7平5

第109局　洪智胜柳大华

(2010年弈于东莞第4届杨官璘杯全国象棋公开赛)

1. 马八进七　卒3进1

2. 兵三进一　马2进3

3. 马二进三　车1进1

4. 炮八平九　马3进2

5. 兵九进一　马2进3

6. 炮九退一　象7进5

7. 车九平八　炮2平3

8. 相三进五　马8进7

9. 车八进七　炮3进1

10. 兵九进一　车1平6

11. 炮九进五　马3进5？

12. 炮二平五　炮3进4

13. 马三进二　车9平8

14. 仕四进五　士6进5

15. 炮九进三　车6进2

16. 马二进一！（图1）马7退6

17. 车八退五　炮8进5

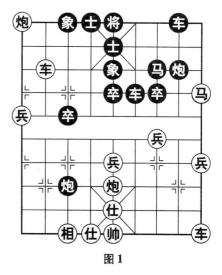

图1

18. 车一平二　炮3退2

19. 车八进六　车8进3

20. 兵三进一　车8平9？（图2）

21. 兵三平四！车6进1

22. 炮五进四　马6进7

23. 炮五平一　车6平8

24. 车二平四　炮8平3

25. 相七进五　车8进3

26. 车四进八　前炮平1

27. 相五进七　炮1退7

28. 炮一进三　车8进2

29. 仕五退四　车8进3

30. 兵一进一　车8退4

31. 车四平三　炮1进2

32. 车八退一　炮1退1

33. 车三进一　马7退6

34. 车三退三　车8退2

35. 车三平一　卒3进1

36. 车八退一

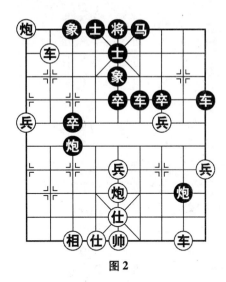

图2

第110局　艾保宏负张会民

（2013年弈于西安陕西省丈八门窗杯城际象棋联赛）

1. 马八进七　卒3进1

2. 兵三进一　马2进3

3. 马二进三　车1进1

4. 炮八平九　马3进2

5. 马三进四　马8进7

6. 相七进五　象7进5

7. 仕六进五　车1平4

8. 炮九进四　士6进5

9. 兵九进一　车4进2

10. 炮九进三　车9平6

11. 马四进三　车6进8

12. 炮二进一　车6退2

13. 兵九进一　马2进3

14. 车九平八　炮2平3

15. 炮二进一？（图1）马3进5

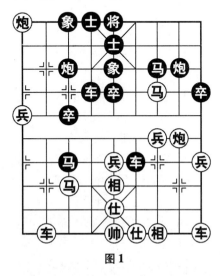

图1

16. 相三进五　炮3进5

17. 车八进二　炮3退1

18. 兵三进一　车4进1

19. 炮二平五　车4平7

20. 马三进五　炮8平5

21. 炮五进三　将5平6

22. 兵九进一　车6平9

23. 车一平三　车7进5

24. 相五退三　马7进6

25. 炮五平八　马6进4

26. 兵五进一　炮3进1！（图2）

27. 车八进二　炮3退2

28. 仕五进四　车9平6

29. 车八退二　炮3平5

30. 车八平六　马4进2

31. 车六进六　车6进1

32. 炮八进二　车6进2

33. 帅五进一　车6退1

34. 帅五进一　炮5平3

35. 兵九平八　马2进3

36. 帅五平六　马3进5

37. 帅六平五　马5退7

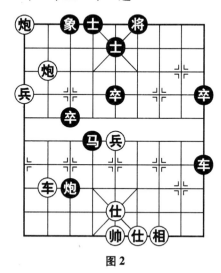

图2

第111局　葛超然胜何文哲

（2011年弈于安吉第4届博瑞杯全国青年象棋锦标赛）

1. 马八进七　卒3进1

2. 兵三进一　马2进3

3. 马二进三　车1进1

4. 炮八平九　马3进2

5. 马三进四　象7进5

6. 炮二平四　马8进6

7. 车一平二　车9平7

8. 车二进五　卒7进1

9. 兵三进一　车7进4

10. 车二平三　象5进7

11. 车九进一　车1平4

12. 车九平二　象7退5

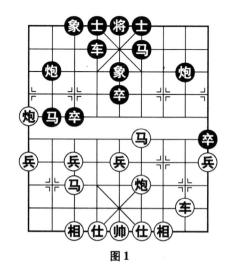

图1

13. 炮九进四　卒 9 进 1
14. 炮九退一　卒 9 进 1?（图 1）
15. 兵一进一　马 2 进 3
16. 相三进五　车 4 进 4
17. 车二进三　炮 8 平 6
18. 马四进三　车 4 进 3
19. 仕四进五　炮 6 平 7
20. 马三退四　马 6 进 4
21. 车二进五！士 4 进 5
22. 炮九进四　象 3 进 1
23. 炮四退一　车 4 退 5
24. 车二退三　炮 2 进 1
25. 车二进一　炮 7 进 6
26. 车二平三　车 4 进 2
27. 马四进五　车 4 退 2
28. 马五退四　炮 7 平 9
29. 车三平五　车 4 平 8
30. 炮四平三　将 5 平 4
31. 炮三进八　将 4 进 1
32. 炮三退一　将 4 退 1
33. 炮三进一　将 4 进 1
34. 马四进五　炮 2 平 4
35. 炮三平一　炮 9 退 8
36. 炮九平一　炮 4 进 5
37. 相五退三　马 3 退 4
38. 马七进八！（图 2）后马退 2
39. 马八进六

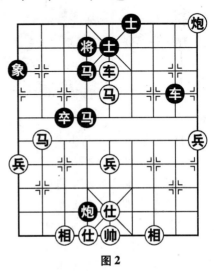

图 2

第 112 局　王天一负赵鑫鑫

（2011 年首届周庄杯海峡两岸象棋大师公开赛）

1. 马八进七　卒 3 进 1
2. 兵三进一　马 2 进 3
3. 马二进三　车 1 进 1
4. 炮八平九　车 1 平 7
5. 车九平八　卒 7 进 1
6. 兵三进一　车 7 进 3
7. 车八进四　炮 2 平 1
8. 马三进四　象 7 进 5
9. 炮二平四　马 8 进 7
10. 车一平二　车 9 平 8
11. 相七进五　炮 8 进 5
12. 车二进一　车 7 进 2
13. 兵七进一　车 7 平 6
14. 兵七进一（图 1）　象 5 进 3
15. 车八平七　象 3 进 5
16. 马四退六　车 8 进 4
17. 马六进八　车 6 进 1
18. 相五退七　车 6 退 1
19. 车二进一　车 8 进 3
20. 炮九平二　马 3 进 4

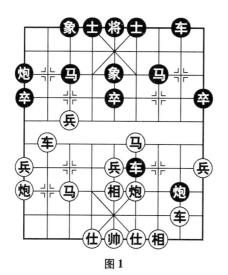

图1

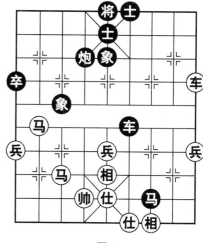

图2

21. 仕六进五	马4进6	22. 炮二平四？	马6进8
23. 炮四平二	车6平7	24. 车七平二	马7进6
25. 车二平四	车7进1	26. 车四进一	车7平8
27. 车四进一	车8平7	28. 车四平五？	马8进7
29. 帅五平六	炮1平4	30. 相七进五	车7退3
31. 帅六进一	士4进5	32. 车五平一	车7平4
33. 仕五进六	车4平6	34. 仕六退五	车6进1！（图2）
35. 仕五进四	车6进2	36. 马八进七	车6进2
37. 前马退五	车6退1	38. 帅六退一	炮4退2
39. 车一平三	车6平2		

第113局 李鸿嘉胜柳天

（2012年重庆首届长寿健康杯象棋公开赛）

1. 马八进七	卒3进1	2. 兵三进一	马2进3
3. 马二进三	车1进1	4. 炮八平九	马8进9
5. 车九平八	炮2进2	6. 车八进四	象3进5
7. 相七进五	卒7进1	8. 兵三进一	炮2平7
9. 兵七进一	车1平7	10. 马三进四	卒3进1
11. 车八平七	炮8平6	12. 炮二平三	炮7平3？
13. 车一平二	士4进5	14. 马七进六	车9平8

15. 车二进九 马9退8
16. 马六进五 马3进5
17. 马四进五 炮3平1
18. 相五进三！（图1）车7平8
19. 炮九平五 炮1平4
20. 马五退四 车8进3
21. 车七进一 炮4平7
22. 车七平八 卒9进1
23. 车八进四 士5退4
24. 相三退一！（图2）车8退1
25. 炮三进七 士6进5
26. 炮五进五 将5平6
27. 车八退四 炮7退2
28. 炮五平三 马8进7
29. 车八平一 炮6平1
30. 仕六进五 炮1进4
31. 马四进三 炮1平4
32. 车一进四 车8退3
33. 车一平二 马7退8
34. 马三进二 将6平5
35. 兵五进一 炮4退5
36. 马二退一 马8进9
37. 兵一进一 士5进6
38. 马一退三 马9进7
39. 炮三平二 炮4平7
40. 马三退四 卒1进1
41. 炮二退七

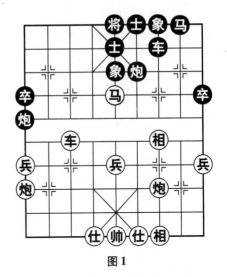

图1

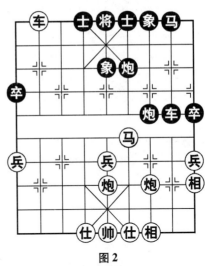

图2

第114局 许国义胜赵奕帆

（2013 年晋江市第四届张瑞图杯象棋个人公开赛）

1. 马八进七 卒3进1
2. 兵三进一 马2进3
3. 马二进三 车1进1
4. 炮八平九 马3进2
5. 兵九进一 马8进7（图1）
6. 兵九进一 马2进3

7. 炮九进四　车9进1

8. 车九平八　炮2平3

9. 炮二平一　炮8进2

10. 炮九平三　象7进5

11. 兵九进一　炮8平9

12. 兵九平八　车1平4

13. 兵八平七　炮3平1

14. 仕四进五　车4进7

15. 兵一进一　炮9进3

16. 车一进二　车9平6

17. 车八进三　卒3进1

18. 马七进九　车6进2

19. 马三进二　卒5进1

20. 车八进三　马3退1

22. 车九平八　马3进1

24. 车九平八　卒3进1

26. 马二退三　车6平4?

28. 炮四退五　前车退2

29. 马九退八　炮1进7

30. 炮四进二　前车进2

31. 马八进六　后车进2!

32. 仕五进六　车4进1

33. 帅五进一　炮1平2!

34. 兵三进一　炮2退6

35. 兵七平八　马7进5

36. 兵三平四　马5退3

37. 兵八平七　后马进1

38. 兵四进一　车4退2

39. 兵四进一　马3进4?（图2）

40. 兵四进一　将5平6?

41. 马三进四

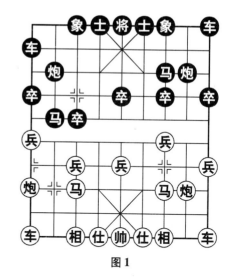

图1

21. 车八平九　马1退3

23. 车八平九　马1退3

25. 兵三进一　车6进2

27. 炮三平四　卒3平2

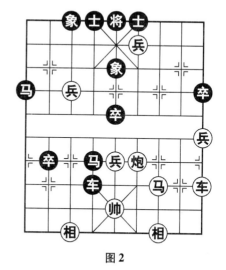

图2

第 115 局　王琳娜负张国凤

（2005 年弈于兰州甘肃移动通信杯全国象棋团体赛）

1. 马八进七　卒 3 进 1		2. 兵三进一　马 2 进 3
3. 马二进三　车 1 进 1		4. 炮八平九　马 3 进 2
5. 马三进四　象 7 进 5		6. 炮二平四　马 8 进 7
7. 车一平二　车 9 平 8		8. 车二进六　炮 8 平 9

9. 车二平三　炮 9 退 1

10. 相七进五　车 8 进 2

11. 车三平四？（图 1）炮 2 进 1

12. 车四进一　炮 2 退 1

13. 车四退一　炮 2 进 1

14. 车四进一　士 6 进 5

15. 车四进一　炮 9 进 5

16. 兵三进一　炮 2 退 2

17. 车四退二　炮 2 进 2

18. 车四进二　象 5 进 7

19. 车九进一　炮 2 退 2

20. 车四退二　炮 2 进 2

21. 车四进二　马 2 进 3

22. 炮九平八　炮 2 退 2

23. 车四退二　炮 2 进 2

24. 车四进二　象 3 进 5

25. 车九平六　马 7 退 8！（图 2）

26. 车四平三　炮 9 平 7

27. 车三平一　马 8 进 7

28. 车一平四　车 1 平 3

29. 车六进五　炮 2 进 1

30. 车四退二　车 8 进 3

31. 车六退二　车 3 进 2

32. 炮八进二　车 8 进 2

33. 仕六进五　炮 7 进 2！

34. 炮八退四　车 8 退 2

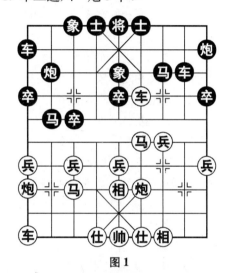

图 1

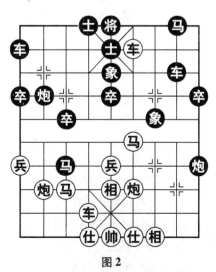

图 2

35. 炮八平七　马3进1　　36. 炮四退一　炮2进4

37. 炮四平八　炮7平2　　38. 车六退三　车3平2

39. 马四进六　马7退6　　40. 马六进七　车2进4

41. 车四平五?　车2平3　　42. 车五平六　车3进2

第116局　尚威胜吕钦

（2001～2002年弈于北京派威互动电视杯象棋超级排位赛）

1. 马八进七　卒3进1

2. 兵三进一　马2进3

3. 马二进三　车1进1

4. 炮八平九　象7进5

5. 车九平八　马3进4

6. 车一进一　炮2平3

7. 车一平六　马4进3

8. 车八进三　炮8进4

9. 马三进四　马3退4

10. 兵五进一!（图1）马4进6

11. 车八平二　马8进7

12. 相三进五　卒7进1

13. 车六进六　车1平3

14. 马七进五　车9平7

15. 炮二平四　卒3进1

16. 车二进一　车7平8?

17. 车二进五　马7退8

18. 仕六进五　卒3进1

19. 兵三进一　象5进7

20. 马五进七　炮3平1

21. 车六平四　马6退8

22. 马七进六　车3进2

23. 炮四进四!（图2）士6进5

24. 车四平八　象7退9

25. 炮四平二　前马进6

26. 车八平二　马8进6

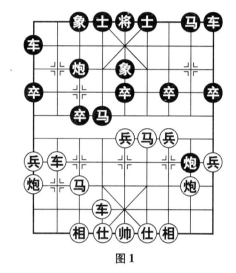

图1

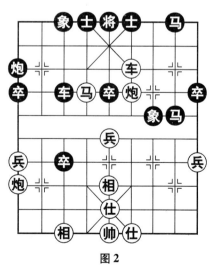

图2

· 134 ·

27. 车二平一	前马退7	28. 马六退七	车3进1
29. 炮九进四	马7进6	30. 车一平三	前马进8
31. 车三进二	士5退6	32. 车三退一!	卒3平4
33. 马七退八	车3平6	34. 炮二进三	将5进1
35. 炮二退一	将5进1	36. 炮二平四	炮1进4
37. 马八进六	炮1进3	38. 仕五退六	车6进2
39. 马六进八	车6平2	40. 马八进七	将5平6
41. 炮九进二	炮1退7	42. 马七进九	象3进1
43. 仕六进五	将6平5	44. 炮四退七	

第 117 局　胡庆阳负赵剑

（2003 年弈于宁波磐安伟业杯全国象棋大师冠军赛）

1. 马八进七	卒3进1	2. 兵三进一	马2进3
3. 马二进三	车1进1	4. 炮八平九	车1平7
5. 车九平八	卒7进1	6. 兵三进一	车7进3
7. 炮二退一	马8进9	8. 车八进六	炮2平1
9. 炮二平三	车7平6	10. 炮三平七	象7进5
11. 兵七进一	卒3进1	12. 炮七进三	炮8进1
13. 车八进二	马3进2	14. 相三进五	车9平8
15. 仕四进五	炮1平3?（图1）	16. 马七进八	士4进5
17. 车一平四	车6平7		
18. 炮七平三	卒9进1		
19. 炮九平八	马2进4		
20. 车四进四	马4进2		
21. 车八平六	炮3平4		
22. 车六平七	炮8进6		
23. 车七退五	炮4平2		
24. 马三退二	车8进9		
25. 仕五退四	马9进8		
26. 仕六进五?	马8进9		
27. 炮三退四	车8退5		
28. 车四平七	士5退4		
29. 炮八平六	车7平3		

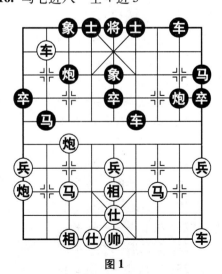

图1

30. 马八进九　车3进1
31. 相五进七　马2退3
32. 马九进七　马9进7
33. 相七进五　马7退6
34. 车七平八？马6进5
35. 炮三进二　车8进1！（图2）
36. 车八进一　马5进7
37. 帅五平六　车8平4
38. 炮六退一　马7退5
39. 炮六进一　马5退7
40. 炮六退一　车4退3
41. 马七进八　车4进4
42. 马八退七　车4退4
43. 马七进八　车4进4
45. 炮三平六　车4平1
47. 后炮进八　车1平4
49. 车八进二　车4平3

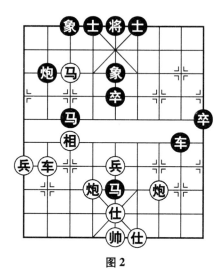

图2

44. 马八退七　马7退6
46. 帅六平五　马6进5
48. 前炮退四　车4退1

第118局　麦国海负张学潮

（2011年CIG2011中游中象职业高手电视挑战赛）

1. 马八进七　卒3进1
2. 兵三进一　马2进3
3. 马二进三　车1进1
4. 炮八平九　车1平7
5. 车九平八　卒7进1
6. 兵三进一　车7进3
7. 炮二退一　马8进9
8. 炮二平三　车7平8
9. 炮九进四　炮2平1
10. 炮九平七　象7进5
11. 马三进四　车8平7
12. 炮三平五　炮8平7
13. 相三进五　士6进5
14. 车一平二　车9平6
15. 车二进四　车7平6
16. 车八进四　炮7进1？
17. 炮五平四　炮7平3
18. 炮四进四　车6进4
19. 车二进一　车6退2
20. 马四进六　炮3平4
21. 兵七进一　炮1进2
22. 兵七进一！（图1）马3进4
23. 车二退一　马4退6
24. 车二平六　炮4退1
25. 兵九进一　炮1退3
26. 车八进四　炮1进1

27. 兵七进一　象5退7

28. 兵九进一　马6进8

29. 兵九进一　炮1退2

30. 兵九进一？马8进6

31. 仕六进五　马9进7

32. 兵九进一　车6进2

33. 兵九进一　炮4平8！（图2）

34. 帅五平六　车6平3

35. 车八退六　车3退1

36. 仕五进四　车3进1

37. 仕四进五　车3平8！

38. 车八进二　车8进5

39. 帅六进一　车8平3

40. 马七进九　炮8进6

41. 仕五退四　车3退1

42. 帅六进一　车3退2

43. 马九退八　车3进1

44. 帅六退一　车3进1

45. 帅六进一　马6进7

46. 车六平七　车3平6

47. 仕四进五　前马退6

48. 车七平四　马7进6

49. 车八平四　车6平7

50. 车四平三　车7退3

51. 相五进三　炮8平2

52. 兵九平八　炮2退6

53. 兵八平七　炮2平9

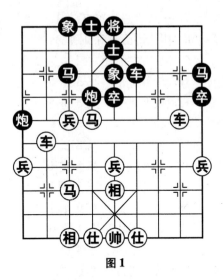

图1

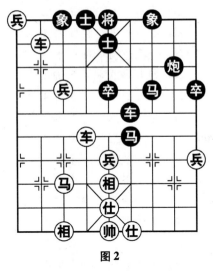

图2

第 119 局　孙勇征胜谢靖

（2012 年第 2 届温岭·长屿硐天杯全国象棋国手赛）

1. 马八进七　卒3进1　　　2. 兵三进一　马2进3

3. 马二进三　车1进1　　　4. 炮八平九　马3进2

5. 兵九进一　马2进3　　　6. 车九平八　象7进5

7. 车八进三　卒3进1

8. 相三进五　车1平3

9. 炮二进一！（图1）炮2平3

10. 相五进七　马3退5

11. 兵五进一　炮3进5

12. 马三进五　炮3平8

13. 炮二进三　马8进7

14. 兵五进一　卒5进1

15. 炮九平七　车3平1

16. 马五进四　车9平7

17. 炮二退一！车1平6

18. 炮二平五　士4进5

19. 马四进三　车6进3

20. 炮五平八　车7进2

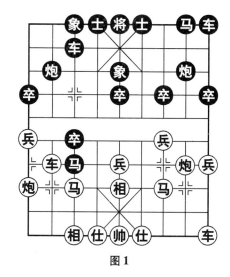

图1

21. 炮八进四　象3进1

22. 炮八平九　将5平4

23. 车一进二　车7平6

24. 仕四进五　前车平8

25. 车八平六　将4平5

26. 炮七平八　士5进4

27. 炮八平五　士4退5

28. 炮五平八　士5进4

29. 炮八平五　士4退5

30. 车六平八　将5平4

31. 兵一进一　车6进1

32. 车一退二　象1进3

33. 炮五平八　车6平4

34. 炮八平六　车4平6

35. 炮六平八　车6平4

36. 炮八平六　车4平6

37. 车一平三　象5退7

38. 车八平六　将4平5

39. 炮六平五　后炮平5

40. 车六平八　将5平4

41. 车三进三　车6平4?

42. 车三平六　车4进3

43. 车八平六　将4平5

44. 车六平八　将5平4

45. 车八平六　将4平5

46. 车六平八　将5平4

47. 车八平六　将4平5

48. 炮五进四！（图2）炮8平9

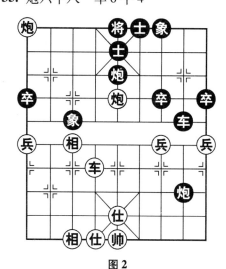

图2

49. 相七进五　车 8 进 5　　　50. 仕五退四　炮 9 进 2
51. 车六进三　车 8 退 1　　　52. 仕四进五　车 8 进 1
53. 仕五退四　车 8 退 1　　　54. 仕四进五　车 8 进 1
55. 仕五退四　车 8 平 7　　　56. 仕六进五

第 120 局　　林进春负吴亚利

（2011 年东莞凤岗季度象棋公开赛）

1. 马八进七　卒 3 进 1　　　2. 兵三进一　马 2 进 3
3. 马二进三　车 1 进 1　　　4. 炮八平九　象 7 进 5
5. 车九平八　炮 2 平 1　　　6. 马三进二　马 8 进 6
7. 车八进四　车 9 平 8　　　8. 马二进三　炮 8 平 7
9. 马三退四　车 1 平 4　　　10. 炮二平四　车 8 进 3
11. 仕四进五　马 6 进 8　　　12. 相三进五　炮 1 退 1
13. 兵三进一？象 5 进 7　　　14. 兵七进一　卒 3 进 1
15. 车八平七　象 7 退 5　　　16. 车一平三　炮 1 平 3
17. 车三进七！（图 1）炮 3 进 4

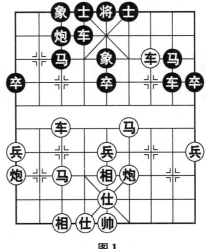

图 1

18. 车三平五　马 3 退 5
19. 车五平四　马 5 进 6
20. 相五进七　士 6 进 5
21. 车四平三　车 4 进 1
22. 车三退七　车 4 进 1
23. 炮四平五　马 8 退 6
24. 马四进五？车 8 平 7
25. 车三进六　后马进 7
26. 马七进六　象 3 进 5
27. 炮九平六　车 4 平 2
28. 马六进四　马 6 退 7
29. 马五退六　前马进 6
30. 炮五进五　马 7 进 5　　　31. 马四进五　马 6 进 8
32. 马六进四　车 2 平 6　　　33. 炮六平二　士 5 进 6
34. 相七退五　士 4 进 5　　　35. 兵五进一　士 5 进 4
36. 兵五进一　马 8 退 6　　　37. 炮二平四　车 6 平 2
38. 马五退六　车 2 平 7　　　39. 马六退五　马 6 进 8

40. 马五进三　马8进7
41. 帅五平四　马7退6
42. 马四进二　士4退5
43. 炮四平三　车7平3
44. 炮三平一　马6退8
45. 炮一平四　马8进7
46. 帅四平五　车3进3
47. 兵九进一　马7退6
48. 炮四平一　车3平8
49. 炮一进四　马6进4
50. 帅五平四?（图2）车8进3
51. 帅四进一　马4退6
52. 仕五进四　车8平4
53. 炮一平九　将5平4

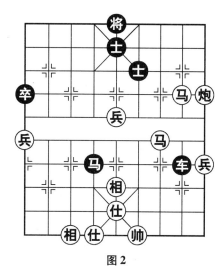

图2

54. 炮九平五　马6进7
55. 兵五平四　车4退1
56. 仕四退五　车4退3
57. 兵九进一　车4平5
58. 炮五平四　车5平4
59. 兵九平八　车4进1

第121局　郑惟桐胜黄竹风

（2012年第二届辛集国际皮革城杯象棋公开赛）

1. 马八进七　卒3进1
2. 兵三进一　马2进3
3. 马二进三　车1进1
4. 炮八平九　马3进2
5. 兵九进一　马2进3
6. 车九平八　象7进5
7. 车八进三　炮2平3
8. 兵九进一　马8进6
9. 兵九平八　车1平4
10. 兵八进一　炮3退1
11. 车一进一　炮8进4?（图1）
12. 兵八平七　炮8平7
13. 兵七进一　车9平8

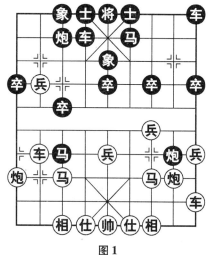

图1

14. 兵七进一 车4平3

15. 马三退五 卒3进1

16. 炮二平四 车8进5

17. 车一平三! 车8平7

18. 相三进五 车7平6

19. 相五进七 炮7平8

20. 车三平二 炮8平7

21. 车二进二 马3进5

22. 车八退二 车6进2

23. 相七进五 炮7退2

24. 马五退三 车6退3

25. 车二进一 车3平4

26. 车八进二 卒1进1

27. 马三进二 卒1进1

28. 仕四进五 车6平4

29. 车二平四 马6进4

30. 车四平六!（图2）马4进3

31. 车六进一 车4进3

32. 马二进三 炮7平8

33. 兵五进一 卒7进1

34. 马三退四 炮8退3

35. 炮九退二 车4平6

36. 炮九平七 炮8平6

37. 车八平五 炮6进6

38. 仕五进四 车6进3

39. 马七进六 卒1平2

40. 炮七进五 象5进3

41. 马六进五 象3退5

42. 马五进七 卒2平3

43. 相五进七 车6平3

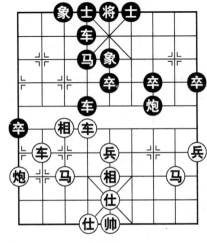

图2

44. 马七退六 车3退2

45. 马六进四 车3退4

46. 兵五进一 车3平6

47. 兵五进一 车6进1

48. 仕六进五 车6平7

49. 车五平二 士4进5

50. 车二进三 卒7进1

51. 车二平一 卒7平8

52. 车一平二 车7进7

53. 仕五退四 车7退3

54. 车二退二 士5进6

55. 马四退三 车7平9

56. 马三进二 士6进5

57. 马二进三 将5平6

58. 车二进五 将6进1

59. 马三退四 士5进4

60. 兵五平六 士6退5

61. 马四进二

第 122 局　郑鸿标胜蔡佑广

（2011 年广东鹤山市棋友杯象棋公开赛）

1. 马八进七	卒 3 进 1	**2.** 兵三进一	马 2 进 3
3. 马二进三	车 1 进 1	**4.** 炮八平九	马 3 进 2
5. 兵九进一	象 7 进 5	**6.** 炮九退一?	车 1 平 6
7. 炮九进五	车 6 进 5	**8.** 相三进五	马 8 进 6
9. 兵九进一	马 2 进 3	**10.** 车九进三	车 6 平 7
11. 车一平三	炮 2 平 3	**12.** 炮九平七	马 3 退 4

13. 兵五进一!（图1）车 7 平 1

14. 马七进九　车 9 平 7

15. 炮二进三　马 4 进 3

16. 炮七退三　炮 3 进 4

17. 仕四进五　卒 7 进 1

18. 车三平四　马 6 进 4

19. 车四进三　炮 3 进 2

20. 车四进四　炮 8 退 2

21. 马三进五　车 7 进 3

22. 车四退二　士 6 进 5

23. 兵三进一　象 5 进 7

24. 马五进三　炮 8 平 6

25. 炮二退三　炮 3 平 1

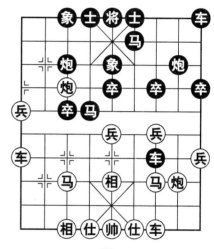

图 1

26. 马九退七	炮 1 退 3	**27.** 马三退五	车 7 平 8
28. 炮二平三	象 3 进 5	**29.** 车四平六	车 8 进 2
30. 炮三进二	炮 1 进 4	**31.** 车六退一	炮 6 进 6
32. 炮三退四	车 8 进 1	**33.** 兵一进一	炮 6 进 2
34. 车六平九	炮 1 平 2	**35.** 车九平八	炮 2 平 1
36. 兵九平八	炮 6 平 9	**37.** 炮三平四	炮 1 退 9
38. 兵八进一	炮 1 平 3	**39.** 兵八平七	卒 3 进 1?
40. 马五进七	马 4 进 7	**41.** 相五退三	马 3 进 5?
42. 前马进八	马 5 退 4	**43.** 相七进五	炮 3 进 7
44. 兵七平六	车 8 平 3	**45.** 兵六平五	炮 9 平 6
46. 马八退六	车 3 退 3	**47.** 兵五进一	车 3 平 5
48. 兵五进一	士 4 进 5	**49.** 车八进五	士 5 退 4

50. 车八平六！（图2） 将5平4

51. 马六进七 将4平5

52. 马七退五 炮6退5

53. 炮四进三 炮3退6

54. 炮四平五 炮3平5

55. 马五进四 将5平6

56. 炮五平四 将6平5

57. 马四退二 炮6平8

58. 马二退四 炮8进6

59. 相三进一 炮5平9

60. 马四进三 将5平4

61. 马三退二 炮9平2

62. 炮四平一

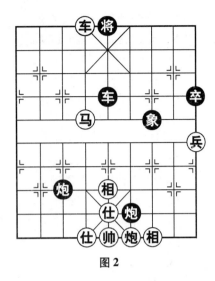

图2

第123局 林宏敏胜徐健秒

（2000年弈于兰州全国象棋团体赛）

1. 马八进七 卒3进1	2. 兵三进一 马2进3
3. 马二进三 车1进1	4. 炮八平九 炮2进2
5. 车九平八 马8进9	6. 车八进四 象3进5
7. 兵九进一 炮2退4	8. 炮二平一 车9平8

9. 车一平二 炮2平3

10. 车二进五 卒9进1

11. 车二平四 炮8平7

12. 兵一进一 卒3进1！（图1）

13. 兵七进一 炮7进3

14. 马三进四 车8进4

15. 车四进一 马3进4

16. 马四进六 炮7平2

17. 马六退八 车8平7？

18. 兵一进一 车7进5

19. 炮一平五 车7退5

20. 兵一进一 马9退7

21. 炮五进四 士4进5

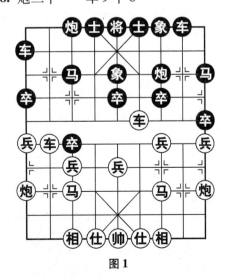

图1

22. 车四进二 车7平5
23. 炮五平七 炮3进1
24. 车四退四 车1进1
25. 相七进五 卒7进1
26. 兵五进一 车5退1?
27. 马七进六 车5平9
28. 兵五进一 车1平2
29. 马八退七 车9平6
30. 车四平五 车6平4
31. 车五退一 炮3平4
32. 兵七进一! 车4退1
33. 马六退八 车4进6
34. 炮七平五 车4平2
35. 马八进六 后车平3
36. 车五平七 车2退3
37. 兵七进一 车3退2
38. 车七平九 车2进2
39. 炮九退一 车2进1
40. 炮九退一 炮4平3
41. 马七进五 车2平4
42. 马六进八 炮3平4
43. 马八进九!（图2）车3平1
44. 马九进七 车1进1
45. 马七退八 车1进1
46. 仕四进五 车1平4
47. 车九平八 前车退2
48. 车八进一 后车平2
49. 马五进六 炮4平2
50. 车八平七 炮2进2
51. 马六进八 马7进8
52. 炮九进二 卒7进1
53. 炮九平八 车4平2
54. 兵七平六 将5平4
55. 炮八平六 前车平4
56. 相五进三 马8进9
57. 车七退一 车4退1
58. 相三退五 马9退8
59. 帅五平四 马8退6
60. 车七进一 车4进1
61. 兵五平四 马6进8
62. 兵四进一 马8进6
63. 车七平四 马6退4
64. 马八退七 车2进3
65. 车四退一

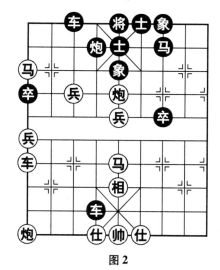

图 2

第 124 局　金海英负张国凤

（2001 年弈于西安利君沙杯全国象棋个人赛）

1. 马八进七 卒3进1
2. 兵三进一 马2进3
3. 马二进三 车1进1
4. 炮八平九 车1平7

5. 车九平八　炮2平1　　　　6. 车八进四　卒7进1

7. 兵三进一　车7进3　　　　8. 马三进四　象7进5

9. 马四退二　车7退2　　　　10. 炮二进五　车7平8

11. 马二退四　马8进6?　　　12. 车一进一　车9平7

13. 车一平六　车7进4　　　　14. 车六进五　马3进4

15. 炮九进四　士6进5　　　　16. 仕六进五　车7平6

17. 炮九退一　车6进1　　　　18. 车八进一　马4退6

19. 车八平七　车6进1　　　　20. 车七退一　车8平7

21. 炮九退一　车7进2　　　　22. 相七进五　车7平2

23. 炮九平八　前马进8　　　24. 兵一进一　马8退7

25. 车七平五　马7进6　　　　26. 车六平七　车2平4

27. 兵七进一　车4进2

28. 车五平四!（图1）车6退1

29. 炮八平四　前马退8

30. 马四进五　车4退2

31. 马五进六　炮1平4

32. 兵七进一　车4进2

33. 炮四退一　车4进2

34. 车七平八　马8进9

35. 炮四退二　车4退2

36. 炮四进二　车4进2

37. 兵七进一　马9进8

38. 炮四退一　马8进9

39. 车八退一　马9退7

40. 炮四退一　马6进8

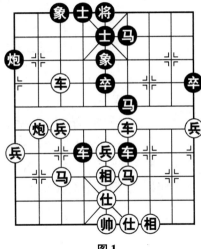

图1

41. 马六退七　炮4进2

42. 前马进八　炮4平7　　　43. 相三进一　车4退7

44. 相一进三?　炮7平9　　　45. 仕五进四　马8进7

46. 车八退一　后马进9　　　47. 相三退一?　马9进7

48. 车八平三　前马退9　　　49. 炮四平八　马9进7

50. 炮八平四　炮9进5　　　51. 帅五进一　前马退9

52. 炮四平一　士5进6　　　53. 车三平六　车4平8

54. 帅五平六　士4进5　　　55. 炮一平五　炮9退1

56. 帅六进一　车8进6　　　57. 马八进七　将5平6

58. 车六平四　炮9平6!（图2）59. 车四平八　车8平6

60. 后马进六　炮6平8　　61. 车八退四　炮8进1
62. 车八进一　炮8退2　　63. 车八进三　车6进2
64. 相五退三　车6平4　　65. 炮五平六　马9退8

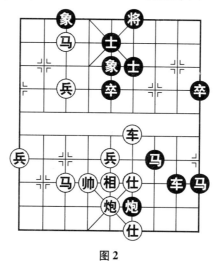

图2

第125局　邓桂林负陈建昌

（2012年广西柳州国安·丰尊杯象棋公开赛）

1. 马八进七　卒3进1　　2. 兵三进一　马2进3

3. 马二进三　车1进1

4. 炮八平九　马3进2

5. 兵九进一　马8进7

6. 兵九进一　马2进3

7. 炮九进四　炮8进2

8. 仕四进五　象7进5

9. 相三进五　士6进5

10. 马三进四　车9平6

11. 马四进三　炮2进1

12. 兵三进一！（图1）象5进7

13. 车一平三　车6进4

14. 车三进四　卒3进1

15. 车三平七　车6平3

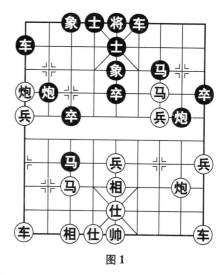

图1

16. 炮二进一 炮2平3　　17. 车七进一 炮8平3

18. 炮二平七 后炮进3　　19. 马七进九 前炮平9

20. 马九进八 炮9平7　　21. 相五进三 象7退5

22. 马八进七 车1平3　　23. 马七退六 炮7退3

24. 炮九平三 卒5进1　　25. 炮三平九 车3平2

26. 炮九进三 马7进6　　27. 相七进五 车2退1

28. 炮九退一 车2进2　　29. 兵九进一? 车2平4

30. 马六退七 马6进5　　31. 马七进九 马5进3

32. 马九进七 象5进3　　33. 车九平七 马3退4

34. 车七进五 马4进6　　35. 帅五平四 车4进1

36. 车七进四 马6进7　　37. 仕五进四? 车4进6

38. 帅四进一 车4退6　　39. 车七退五 车4平1

40. 炮九平七 士5进4　　41. 炮七进一 士4进5

42. 炮七平八 车1平2　　43. 炮八平九 将5平6

44. 车七平四 将6平5　　45. 炮九退九 车2进6

46. 炮九进六 车2退1　　47. 仕四退五 车2退5

48. 炮九退四 车2进3

49. 仕五进四 车2平6!（图2）

50. 车四平七 将5平6

51. 车七进五 将6进1

52. 车七退三 卒9进1

53. 车七平五 车6退2

54. 车五平二 卒5进1

55. 车二退五 车6平2

56. 车二进五 车2平6

57. 车二退五 马7退6

58. 帅四退一 马6进4

59. 车二进一 卒5进1

60. 炮九平七 车6进2

61. 相三退一 士5进6　　62. 相一退三 马4退5

63. 帅四平五 卒5平4　　64. 仕四退五 卒4平3

65. 炮七平九 卒3进1　　66. 相五退七 卒3进1

67. 车二进二 马5进3　　68. 炮九平七 车6平5

69. 车二平六 将6平5　　70. 炮七平五 马3进5

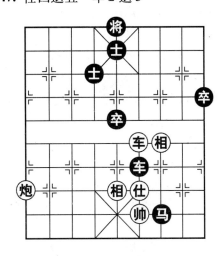

图2

71. 相七进五　将5平6　　72. 车六进一　卒9进1

73. 车六退一　卒9进1

第126局　陈新全胜王嘉良

（1964年弈于杭州全国象棋个人赛）

1. 马八进七　卒3进1　　2. 兵三进一　马2进3

3. 马二进三　车1进1　　4. 炮八平九　马3进4

5. 车九平八　象7进5

6. 车八进四　马4进3

7. 炮九退一　炮2平3

8. 炮二进四　马8进6

9. 马三进四　车9平7

10. 炮九平三　卒7进1

11. 炮三进二　炮8平7

12. 炮三平七　炮3进4

13. 相七进五　车7平8

14. 车一平二　车1平4

15. 兵三进一　象5进7

16. 车二进五　车4进6

17. 马七退八　士6进5

18. 仕六进五　车4退5

19. 兵一进一　卒1进1

20. 炮二进二　象3进5

21. 马八进九　炮3退1

22. 炮二平三！（图1）车8平7

23. 车二进三　炮3平9

24. 马四进二　炮7平9

25. 炮三退一　马6进7

26. 车二平四　车4进4?（图2）

27. 车四退二　车4平1

28. 车四平三　车1进1

29. 车三平一　前炮平3

30. 相五进七　车1平8

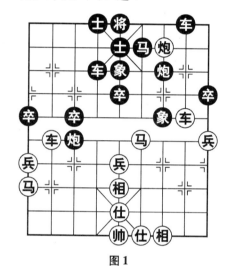

图1

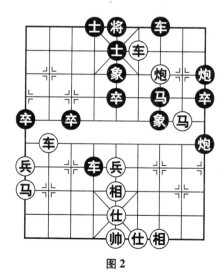

图2

31. 车一退一 炮9平8	32. 相七退五 卒5进1
33. 车八进二 车8退1	34. 车八平四 卒1进1
35. 车四进二 炮8退2	36. 炮三进一 车7平6
37. 车四进一 士5退6	38. 炮三平一 士4进5
39. 炮一进一 卒1平2	40. 马二进三 车8退4
41. 马三退四 卒2平3	42. 相五进七 卒3进1
43. 车一退一 卒3平4	44. 帅五平六 车8平6
45. 炮一退四 车6平9	46. 马四退三 炮8进6
47. 马三退二 车9进1	48. 车一退一 炮8进1
49. 马二进四 炮8退5	50. 马四进三 卒5进1
51. 兵五进一 卒4平5	52. 马三进五 炮8平7
53. 相三进一 士5进4	54. 相一进三 士6进5
55. 车一退一 卒5平6	56. 炮一平二 车9平8
57. 车一进七 炮7退2	58. 炮二平一 车8平5
59. 车一平二 象7退9	60. 车二退四 象5进7
61. 车二退三 卒6平7	62. 车二平六 卒7平6
63. 马五退七 卒6平5	64. 仕五进四 象7退5
65. 仕四进五 车5平3	66. 马七进六 车3进6
67. 帅六进一 车3退5	68. 炮一退五 炮7进8
69. 帅六退一 卒5进1	70. 炮一平五 象9退7
71. 马六退五 车3平5	72. 车六进二 车5平2
73. 马五进四 车2进2	74. 炮五平一 炮7平9
75. 车六平一 炮9平8	76. 车一平九 象5退3
77. 帅六平五 车2退3	78. 炮一进九 象7进5
79. 马四进三 将5平4	80. 车九平二 车2平7
81. 车二进五 将4进1	82. 马三退五 车7平9
83. 马五退四 车9进6	84. 仕五退四 炮8进1
85. 仕四进五 炮8退5	86. 仕五退四 炮8进5
87. 仕四进五 卒5进1	88. 马四进三 炮8退3
89. 仕五退四 炮8进3	90. 仕四进五 炮8退4
91. 仕五退四 炮8进4	92. 仕四进五 炮8退7
93. 仕五退四 卒5平6	94. 车二平七 炮8进7
95. 仕四进五 炮8退6	96. 仕五退四 炮8进6
97. 仕四进五 炮8退7	98. 仕五退四 炮8进7

99. 仕四进五　炮8退8　　　　**100.** 仕五退四　车9退7

101. 车七退一　将4退1　　　　**102.** 马三进四

第 127 局　谢云胜赵冠芳

（2009 年弈于昆明浩坤杯全国象棋个人赛）

1. 马八进七　卒3进1　　　　**2.** 兵三进一　马2进3

3. 马二进三　车1进1　　　　**4.** 炮八平九　马3进2

5. 马三进四　马8进7　　　　**6.** 炮二平四　车9平8

7. 车一平二　炮8进3?　　　　**8.** 马四进三　炮8进2

9. 炮四进三!　炮8平1　　　　**10.** 车二进九　马7退8

11. 车九进二　马2进3　　　　**12.** 车九平八　炮2平7

13. 车八进四　象7进5　　　　**14.** 车八平五　车1平6

15. 炮四进一　卒1进1　　　　**16.** 相三进五　士6进5

17. 炮四平一　车6进5　　　　**18.** 兵一进一　马8进6

19. 车五平六　车6平8　　　　**20.** 马三退五　车8退2

21. 马五进七　炮7平9　　　　**22.** 炮一平四　车8退1

23. 兵一进一　车8平7

24. 兵三进一!（图1）车7进1

25. 炮四退三　马3退4

26. 兵一进一　炮9退2

27. 仕六进五　马6进7

28. 前马退九　马7进9

29. 车六平二　炮9平7

30. 马九进八　士5进4

31. 马八进九　士4进5

32. 马九退七　将5平4

33. 后马进八　马4进6

34. 马八进七　卒3进1

35. 后马进八　车7平2

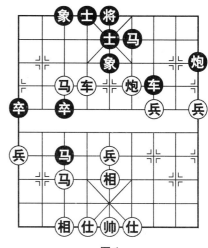

图 1

36. 马七退八　将4平5　　　　**37.** 仕五进六　卒3平4

38. 仕四进五　马9进8　　　　**39.** 兵九进一　卒4进1

40. 兵九进一　车2进5　　　　**41.** 后马进七　将5平4

42. 车二平八!（图2）车2退6　　　　**43.** 马七退八　将4进1

44. 后马退七 马8进7

45. 炮四退二 炮7平6

46. 仕五进四 炮6进7

47. 仕六退五 炮6平8

48. 帅五平六 士5退4

49. 兵五进一 炮8退2

50. 马七进六 炮8退1

51. 兵九平八 炮8退3

52. 马八退七 将4平5

53. 兵一平二 炮8平9

54. 马七退八 卒4平5

55. 马八进六 马6进7

56. 后马进四 将5退1

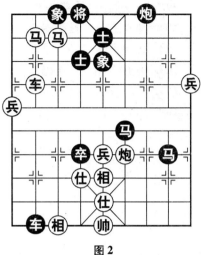

图 2

57. 马四进三 将5进1

58. 马六退四 炮9进3

59. 马四进三 将5平4

60. 前马退五 士4进5

61. 马五退六 士5进6

62. 仕五进四 卒5平4

63. 炮四进六 炮9平2

64. 炮四退一 炮2进5

65. 帅六进一 卒4进1

66. 帅六进一 前马进5

67. 帅六退一 马5退3

68. 炮四平六 士4退5

69. 仕四退五 炮2退1

70. 帅六退一 马7进5

71. 马六进八 士5进6

72. 兵五进一 炮2进1

73. 帅六进一 马5退7

74. 马八退六 马7进6

75. 帅六进一 马3进5

76. 帅六退一 马5退3

77. 帅六退一 马3进5

78. 帅六退一 马5退3

79. 帅六进一 将4平5

80. 马六退七 炮2退7

81. 马三退二 炮2平4

82. 兵五平六 马3进2

83. 马二进四 炮4平1

84. 炮六平九 马2进3

85. 兵六进一 马3退4

86. 兵六进一 将5退1

87. 兵二平三 士6退5

88. 兵六进一 士5进6

89. 炮九退三 马4退3

90. 马四退五 马3退5

91. 马七进八 马5退4

92. 炮九平五 将5平6

93. 马八进九 象3进1

94. 兵三平四 马6退7

95. 炮五平四 将6平5

96. 马五进六 士6退5

97. 马六进七 象1进3

98. 炮四平八 将5平6

99. 炮八进五　马4进3　　　　**100.** 炮八平五　马3进5

101. 帅六退一　马7退6　　　　**102.** 马七退六　将6进1

103. 兵四平五　马5进6　　　　**104.** 兵五进一　前马退4

105. 炮五平九　马4退3　　　　**106.** 兵五进一　将6退1

107. 马六进四　马6退7　　　　**108.** 炮九进一　马3退1

109. 炮九平六

第四章　炮二平一

第 128 局　吕钦胜徐天红

（2003 年弈于南京千年银荔杯全国象棋甲级联赛

1. 马八进七　卒 3 进 1
2. 兵三进一　马 2 进 3
3. 马二进三　车 1 进 1
4. 炮二平一（图1）　马 8 进 7
5. 车一平二　车 9 平 8
6. 车二进六　炮 8 平 9
7. 车二进三　马 7 退 8
8. 车九进一　车 1 平 8
9. 车九平六　车 8 进 3
10. 车六进三　象 7 进 5
11. 相七进五　士 6 进 5
12. 炮八进四　车 8 平 4
13. 兵七进一! 车 4 进 1
14. 马七进六　卒 3 进 1
16. 相五进七　马 8 进 6
18. 兵九进一　卒 7 进 1
20. 相三进五　象 5 进 7
22. 前马退五　马 4 进 2
24. 炮一平五　象 7 退 5
26. 马六退七　马 8 进 7
28. 兵五进一　马 7 进 5
30. 兵九进一　马 2 进 3

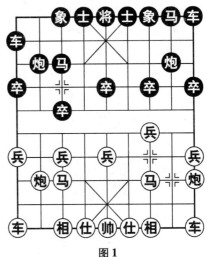

图1

15. 马六进四　卒 5 进 1
17. 炮一进四　马 3 进 2
19. 兵三进一　马 2 退 4
21. 马四进三　马 6 进 8?
23. 马五进六　炮 2 平 7
25. 炮五平九　炮 7 退 1
27. 马三进二　卒 5 进 1
29. 仕四进五　马 5 退 7
31. 马七进五!（图2）炮 9 平 6

32. 炮八平七！　士5进4

33. 炮七退三　　象3进5

34. 兵九平八　　士4进5

35. 炮七平五　　将5平6

36. 炮九退二　　炮6平8

37. 兵八进一　　士5进6

38. 兵八平七　　炮7平8

39. 马二进四　　士4退5

40. 相五进三　　后炮平6

41. 马四进三　　将6平5

42. 兵七平六　　炮6平9

43. 炮五平八　　炮9退1

44. 仕五进四　　炮8平9

45. 马三进二　　象5退7

47. 马二退一

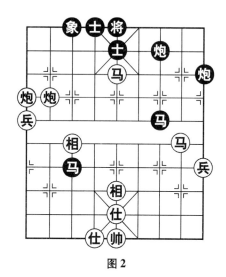

图2

46. 炮八进六　　将5平4

第129局　　庄玉庭胜宇兵

（2007年弈于北京第3届WMM世界象棋大师赛）

1. 马八进七　　卒3进1

2. 兵三进一　　马2进3

3. 马二进三　　车1进1

4. 炮二平一　　车1平7

5. 炮八进四　　马3进4

6. 车一平二　　象7进5

7. 车二进五　　马4进3？（图1）

8. 炮八平七　　卒3进1

9. 车九平八　　车7平4

10. 车八进六　　卒1进1

11. 马三进四　　马8进6

12. 马四进六　　车4平3

13. 炮一退一　　卒3平4

14. 炮一平七　　马3退4

15. 车二平六！车3平1

16. 马七进六　　炮2平3

17. 前炮进三！（图2）象5退3

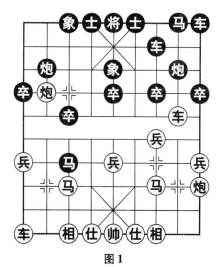

图1

18. 炮七进八　士 4 进 5　　　　**19.** 车八进三　炮 3 平 4

20. 马六进四　炮 8 退 2　　　　**21.** 炮七平四

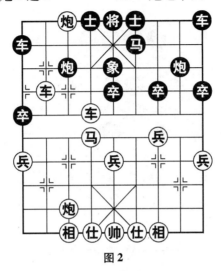

图 2

第 130 局　吕钦胜吴宗翰

（2008 年弈于北京第 1 届世界智力运动会）

1. 马八进七　卒 3 进 1　　　　**2.** 兵三进一　马 2 进 3

3. 马二进三　车 1 进 1　　　　**4.** 炮二平一　马 8 进 7

5. 车一平二　车 9 平 8

6. 炮八进四　马 3 进 2

7. 相七进五　车 1 平 4

8. 炮八平三　象 7 进 5

9. 仕六进五　炮 8 进 5

10. 炮三平九　车 4 进 2

11. 炮九进三　马 2 进 3?（图 1）

12. 车九平八　炮 2 平 4

13. 车八进三　炮 8 退 1

14. 车八进四　卒 5 进 1

15. 马三进四　炮 8 进 1

16. 马四进三!（图 2）车 4 平 7

17. 车八平六　士 6 进 5

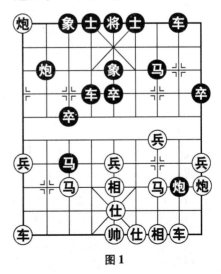

图 1

155

18. 车六平五　马3进1　　**19.** 炮一退一　炮8进1

20. 仕五进六　车7平1　　**21.** 车五平三　车1退3

22. 车三平八

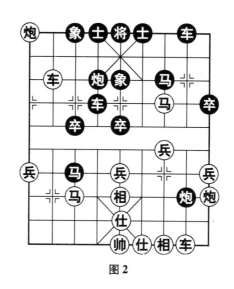

图2

第131局　程吉俊负卜凤波

（2008年惠州华轩杯全国象棋甲级联赛）

1. 马八进七　卒3进1

2. 兵三进一　马2进3

3. 马二进三　车1进1

4. 炮二平一　车1平7

5. 炮八进四　马3进4

6. 车一平二　象7进5

7. 车二进五　卒7进1

8. 炮八平一　马8进6

9. 车九进一　车9平7

10. 车九平六　马4进3

11. 马三退五　前车进2

12. 车六进七　前车平6

13. 前炮进一？（图1）卒7进1

14. 前炮平五　车7进2

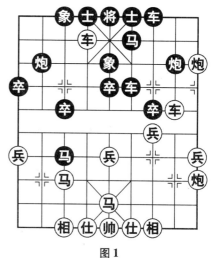

图1

15. 炮五平二　炮2平8
16. 马五进六　象3进1
17. 仕六进五　卒7进1
18. 炮一平五　士6进5
19. 兵五进一　卒7平6
20. 兵五进一　车7进7
21. 兵五平四　车6退1
22. 帅五平六　车7退7！（图2）
23. 马六进四　车6平4
24. 车六退一　车7平4
25. 帅六平五　车4进6

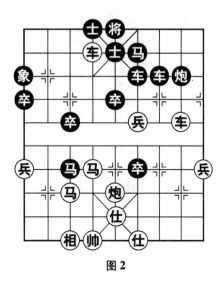

图2

第 132 局　金海英负胡明

（2002 年弈于宜春全国象棋个人赛）

1. 马八进七　卒3进1
2. 兵三进一　马2进3
3. 马二进三　车1进1
4. 炮二平一　马8进7
5. 车一平二　车9平8
6. 炮八进四　马3进2
7. 车二进五？（图1）卒7进1！
8. 车二退一　卒7进1
9. 车二平三　象7进5
10. 炮八平一　车1平6
11. 车九进一　炮8平9
12. 前炮退一　马2进3
13. 相七进五　车8进7！
14. 车九平六　炮2平3
15. 马三进二　马7进8
16. 前炮进一　车6进4！（图2）
17. 车三平四　马8进6
18. 马二进四　马3进5
19. 后炮平五　马6进5
20. 马七进六　马5进3
21. 马六退五　车8退3

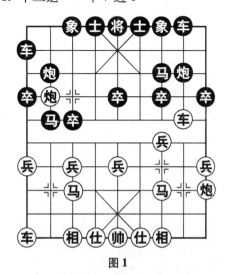

图1

22. 马五退七　车8平6
23. 炮一平九　车6进2
24. 炮九平七　车6平5
25. 仕六进五　卒3进1
26. 车六进五　炮9进1!
27. 炮七平五　士6进5
28. 炮五进二　士4进5
29. 车六平七　炮9退1
30. 车七退二　炮3进6

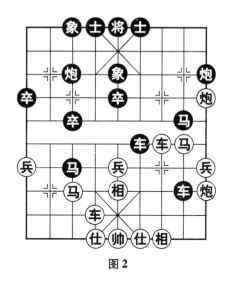

图2

第133局　陈寒峰负洪智

（2005年弈于太原蒲县煤运杯全国象棋个人赛）

1. 马八进七　卒3进1	2. 兵三进一　马2进3
3. 马二进三　车1进1	4. 炮二平一　马8进7
5. 车一平二　车9平8	6. 车二进六　炮8平9
7. 车二进三　马7退8	8. 车九进一　车1平4

9. 车九平四　马8进7
10. 相七进五　象7进5
11. 炮八退二　车4进3
12. 炮八平七　车4平8
13. 车四平八　炮2平1
14. 车八进三　卒7进1
15. 兵七进一　卒7进1
16. 相五退三　车8进3!（图1）
17. 马七退五　卒3进1
18. 车八平七　马3进4
19. 车七平六　马4退6
20. 相三退五　马6进8
21. 马三进四　马7进6

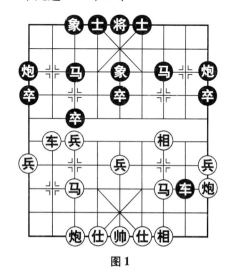

图1

22. 车六平七　马8进7
23. 炮七进二　车8退2
24. 炮一平四　炮9进4！
25. 炮四进三　炮9平5
26. 车七退一　车8平6
27. 车七平五　马7退6
28. 车五进三　马6进4
29. 车五平九　车6进3
30. 炮七退一？马4进2！（图2）
31. 炮七平六　士6进5

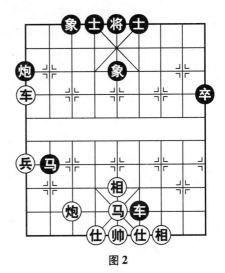

图2

第134局　程吉俊胜陈翀

（2009年惠州华轩杯全国象棋甲级联赛）

1. 马八进七　卒3进1
2. 兵三进一　马2进3
3. 马二进三　车1进1
4. 炮二平一　车1平7
5. 炮八进四　卒7进1
6. 炮八平七　卒7进1
7. 炮七进三　士4进5
8. 车九平八　炮2退2（图1）
9. 车一平二　车9进2
10. 马三退五　象7进5
11. 炮七退一　士5退4
12. 车八进九　车7平3
13. 车八退五　马8进7
14. 车八平三　炮8退2
15. 炮一平三　炮8平7
16. 车三平四　炮7进7
17. 马五进三　车3平4
18. 车四进三　马3进4
19. 车二进一　士4进5
20. 车四进一　马4进3？
21. 马三进四　车4进6

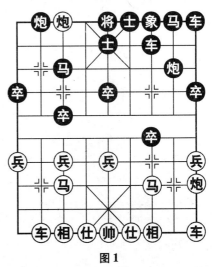

图1

22. 马四进三　车9退1
23. 车四平一　马7退9
24. 马三进五　将5平4
25. 车二进四！（图2）马3退4
26. 仕四进五　车4进1
27. 马五退七　卒3进1
28. 后马进六　马4退6
29. 车二平六　将4平5
30. 马七进九　士5进4
31. 马九进七　将5进1
32. 车六平四

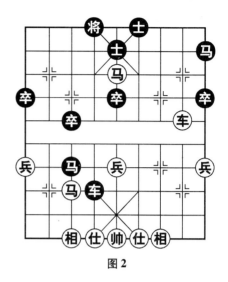

图2

第135局　胡荣华胜傅光明

（1981年弈于温州全国象棋个人赛）

1. 马八进七　卒3进1	2. 兵三进一　马2进3
3. 马二进三　车1进1	4. 炮二平一　马8进7
5. 车一平二　车9平8	6. 炮八进四　马3进2
7. 炮八平三　象7进5	8. 车二进五　炮8平9

9. 车二平四　车8进7
10. 马三进四（图1）　车1平8
11. 相七进五　后车进3
12. 车四平二　车8退3
13. 炮一平四　炮9进4
14. 炮三平九　马7进6
15. 仕六进五　马6进4
16. 车九平六　卒3进1？
17. 兵七进一　炮2平4
18. 炮九退一！车8进3
19. 马四进六　士6进5
20. 马七进六　马2进4
21. 车六进二　炮9退1

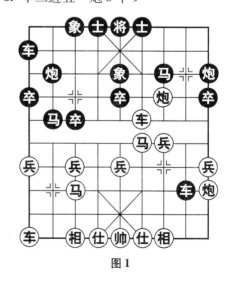

图1

22. 车六平八　车8退1

23. 马六进八　车8退2

24. 马八进七　炮4退1

25. 炮九进三　车8平4

26. 兵九进一　车4退2

27. 炮九进一　士5进6

28. 车八进七　将5进1

29. 马七退八　车4平1

30. 相五退七　马4进6

31. 车八退一！（图2）车1退2

32. 帅五平六　将5退1

33. 车八平六

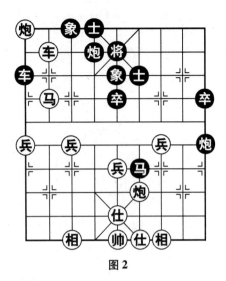

图2

第136局　张晓平负张江

（1997年弈于漳州全国象棋个人赛）

1. 马八进七　卒3进1　　2. 兵三进一　马2进3

3. 马二进三　车1进1　　4. 炮二平一　车1平7

5. 炮八进四　马3进4　　6. 车一平二　象7进5

7. 车二进五　卒7进1　　8. 炮八平一　马8进6

9. 车九平八　车9平7

10. 前炮平九　马4进3

11. 车八进三　卒3进1

12. 相七进五　卒7进1

13. 相五进七　卒7进1

14. 马三退五　前车进3！（图1）

15. 车二平三　车7进4

16. 炮一平二　炮2平3

17. 炮九平七　车7平3

18. 车八平七　车3退1

19. 兵五进一　马6进4

20. 相三进五　卒5进1

21. 兵五进一？车3平8！（图2）

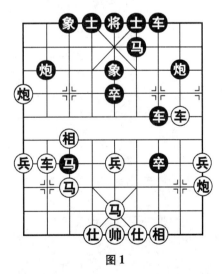

图1

22. 炮二进五　炮3进4
23. 炮二平六　炮3平9
24. 相五退三　车8平4
25. 炮六平八　车4平2
26. 炮八平六　车2平4
27. 炮六平八　车4平3
28. 马七进六　车3进2
29. 马六进四　炮9平1
30. 相三进五　车3平2
31. 炮八平七　炮1进3
32. 马五退七　卒7平6
33. 炮七退一　卒6进1

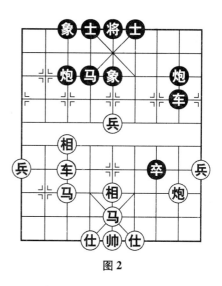

图2

第137局　陶汉明负王天一

(2011年弈于鄂尔多斯伊泰杯全国象棋甲级联赛)

1. 马八进七　卒3进1	2. 兵三进一　马2进3
3. 马二进三　车1进1	4. 炮二平一　车1平7
5. 马三进四　卒7进1	6. 炮一平三　马8进9
7. 车一平二　车9平8	8. 炮八平九　车7平6

9. 马四进三　炮8平7
10. 车二进九　马9退8
11. 车九平八　车6进2
12. 兵三进一　炮2进2
13. 相三进五　炮2平7
14. 车八进四　象7进5
15. 兵七进一？(图1)　马3进4
16. 炮九进四　车6进5!
17. 仕六进五　后炮平8!
18. 帅五平六　马4进6
19. 炮三平二　炮7进5
20. 帅六进一　马6进7!(图2)
21. 帅六进一　马8进7

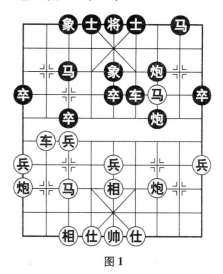

图1

22. 兵七进一 炮7退1
23. 车八平六 士6进5
24. 车六退一 象5进3
25. 兵五进一 车6退6
26. 相五进三 车6平2
27. 帅六平五 车2进5
28. 车六平七 象3退5
29. 帅五平六 车2退4
30. 炮九进三 车2平4
31. 帅六平五 车4进2
32. 帅五平四 车4平5
33. 相七进五 前马退6
34. 马三进一 马7退8！

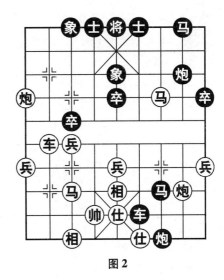

图2

第138局 陶汉明负谢岿

（2003年弈于北京千年银荔杯全国象棋甲级联赛）

1. 马八进七 卒3进1　　2. 兵三进一 马2进3
3. 马二进三 车1进1　　4. 炮二平一 车1平7
5. 炮八进四 马3进4　　6. 车一平二 象7进5
7. 车二进五 卒7进1　　8. 炮八平一 马8进6
9. 相七进五 马4进3
10. 兵三进一 车7进3
11. 车二平三 象5进7
12. 车九平八 象7退5
13. 前炮平九 车9平7
14. 马三进四 马3进5！
15. 相三进五 炮8进7
16. 相五退三 车7进9
17. 车八进七 车7退4
18. 仕四进五 卒3进1？
19. 炮一平四 马6进8
20. 炮九进三 士6进5
21. 帅五平四 马8进9

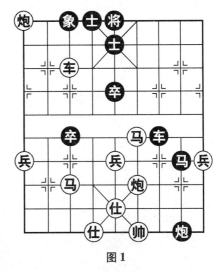

图1

163

22. 车八平五　马9进8

23. 车五平七？（图1）炮8退1

24. 炮四平二　车7平6

25. 帅四平五　将5平6

26. 车七进二　将6进1

27. 炮九退一　将6退1

28. 车七退四　车6平7

29. 炮九进一　将6进1

30. 车七平四　士5进6

31. 车四退四　炮8进1！（图2）

32. 炮二平四　将6平5

33. 仕五进六　马8进7

34. 炮九退五　车7进1

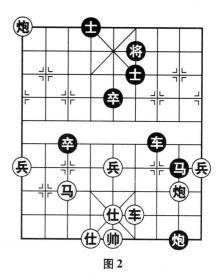

图2

第139局　张影富负张江

（2000年弈于北京巨丰杯全国象棋大师冠军赛）

1. 马八进七　卒3进1

2. 兵三进一　马2进3

3. 马二进三　车1进1

4. 炮二平一　马8进7

5. 车一平二　车9平8

6. 炮八进四　马3进2

7. 炮八平三　象7进5

8. 车二进五（图1）　车1平6

9. 车九进一　马2进3

10. 车九平八　炮2平3

11. 车八进五　士6进5

12. 仕六进五　车6进5

13. 车八平六　卒5进1

14. 车六退二　炮8平9

15. 车二平五　车6退3

16. 兵三进一　炮3平2！

17. 车五平四　车6平3

18. 车六平四　炮2进2

19. 前车进一　车3平6

20. 车四进二　炮2平7

21. 马三进四　车8进3

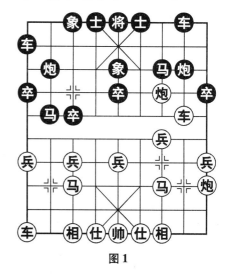

图1

22. 炮一平四　炮9进4

23. 炮三平九?　车8进6

24. 相七进五　马3进5!（图2）

25. 相三进五　炮9进3

26. 仕五进六　车8退1

27. 相五退三　车8平7

28. 炮四平三　车7进1

29. 帅五平六　车7退2

30. 帅六进一　车7进1

31. 仕六退五　车7平8

32. 马四进六　炮9退1

33. 炮九进三　炮7进4

34. 帅六进一　车8退1

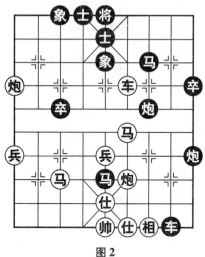

图2

第140局　蒋凤山负金波

（2010年弈于永嘉楠溪江杯全国象棋甲级联赛）

1. 马八进七　卒3进1

2. 兵三进一　马2进3

3. 马二进三　车1进1

4. 炮二平一　马8进7

5. 车一平二　车9平8

6. 车二进六　炮8平9

7. 车二进三　马7退8

8. 车九进一　车1平6

9. 车九平二　马8进7

10. 炮八进四　象3进5

11. 炮八平三　车6进2

12. 马三进二　炮2进2

13. 兵三进一　车6进2

14. 马二退三　车6退2

15. 马三进二　车6进2

16. 马二退三　车6退2

17. 马三进二　车6进2

18. 马二退三　车6退2

19. 马三进二　车6进2

20. 马二退三　车6退2

21. 马三进二　车6进2

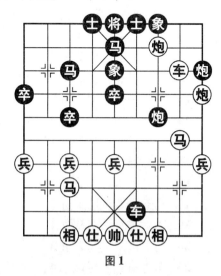

图1

22. 马二退三　车 6 退 2

23. 车二进六　炮 2 平 7

24. 马三进二　马 7 退 5

25. 炮一进四　车 6 进 5

26. 炮三进二?（图1）炮 9 进 4

27. 炮一进三　马 3 进 4

28. 炮三平二　炮 9 进 3

29. 仕六进五　马 4 进 6!

30. 帅五平六　马 6 进 4

31. 马二进三　马 4 进 5

32. 车二退五　炮 7 平 4!（图2）

33. 马三进五　车 6 进 1

34. 帅六进一　前马退 4

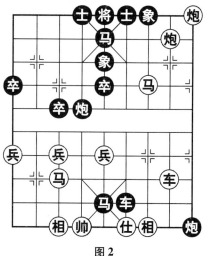

图 2

第 141 局　于幼华负徐天红

（2009 年弈于广州第 29 届五羊杯全国象棋冠军邀请赛）

1. 马八进七　卒 3 进 1　2. 兵三进一　马 2 进 3

3. 马二进三　车 1 进 1　4. 炮二平一　炮 2 进 2

5. 车一平二　炮 8 平 4　6. 马七退五　马 8 进 7

7. 炮八平七　马 3 进 4　8. 车九平八　车 1 平 2

9. 兵七进一　卒 3 进 1

10. 炮七进七　士 4 进 5

11. 相七进五　象 7 进 5

12. 炮七退三?（图1）马 4 进 2

13. 车八平七　炮 2 平 3!

14. 车七进四　马 2 退 3

15. 马三进四　马 3 进 1

16. 车七退二　炮 4 平 3

17. 车七平六　车 2 进 7!

18. 马五进七　马 1 进 2

19. 车六进一　车 9 进 1

20. 马七进六　马 2 进 3

21. 车六退二　后炮平 4

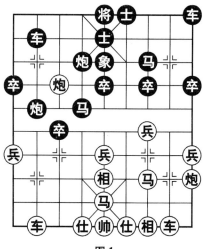

图 1

22. 马六退八　车2退2

23. 车六平七　车9平6

24. 马四进六　车6进3

25. 马六进五　车6平4

26. 车二进一　士5进6!（图2）

27. 车七平八　车2进2

28. 车二平八　炮3退2

29. 车八进五　车4平5

30. 兵五进一　车5进1

31. 炮一退一　炮3平5

32. 炮一平五　车5平4

33. 车八平五　炮5退1

34. 车五进一　车4退2

35. 车五平四　炮5进7

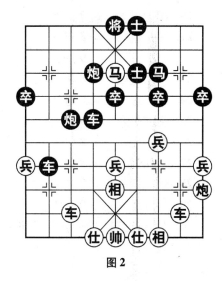

图2

36. 仕四进五　马7退8

第142局　吕钦胜谢卓淼

（2009年弈于成都第1届全国智力运动会）

1. 马八进七　卒3进1

2. 兵三进一　马2进3

3. 马二进三　车1进1

4. 炮二平一　马8进7

5. 车一平二　车9平8

6. 相七进五　象7进5

7. 车二进六　炮2进1（图1）

8. 仕六进五　车1平4

9. 炮八平九　卒7进1

10. 车二退二　卒7进1

11. 车二平三　马7进6

12. 车九平八　炮2平3

13. 车三平四　车4进3

14. 车八平六　车4进5

15. 仕五退六　马6退7

16. 兵七进一　马7进8

17. 车四平三　卒3进1

18. 相五进七　炮8平7

19. 马七进六　炮3进1

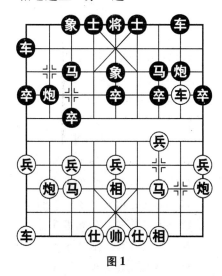

图1

20. 相七退五　炮7进5
21. 车三退二　马8进9
22. 车三进四　马9退8
23. 马六进四　马8进6
24. 车三退二　马6进4
25. 炮九平六　马4退5
26. 车三平二　车8进5
27. 马四退二　卒9进1
28. 炮一退一　马3进4?
29. 兵五进一　卒9进1
30. 马二进四!（图2）象5进7
31. 兵五进一　卒5进1
32. 马四退三　卒9进1
33. 马三进一　卒5进1

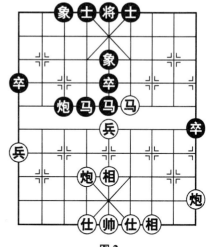

图2

34. 炮一平五　卒5进1
35. 炮六进二　象7退5
36. 炮五进二　士6进5
37. 马一进二

第143局　吕钦胜阮成保

（2007年弈于澳门第2届亚洲室内运动会）

1. 马八进七　卒3进1
2. 兵三进一　马2进3
3. 马二进三　车1进1
4. 炮二平一　车1平7
5. 炮八进四　马3进4
6. 车一平二　象7进5
7. 车二进五　卒7进1
8. 炮八平一　马8进6
9. 车九平八　车9平7
10. 车八进四　马4进3
11. 马三退五　前车进2
12. 马五进六（图1）　前车平6
13. 兵三进一　车6进5
14. 相七进五　炮2平3
15. 仕六进五　车7进4

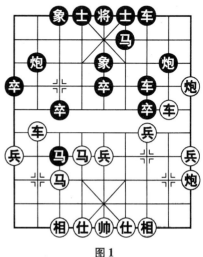

图1

16. 前炮进三　　士6进5　　　　17. 车二平三　　象5进7

18. 车八平三　　象3进5　　　　19. 车三平二　　马3退4

20. 后炮平四　　炮3进5　　　　21. 炮四平七　　卒3进1

22. 车二平七　　炮8平7　　　　23. 相三进一　　车6退2

24. 炮一退三　　炮7进1

25. 炮七平八！　马4退2

26. 车七平五　　马2进4

27. 车五平六　　马4退2

28. 兵一进一　　车6平5

29. 相一退三　　车5平6

30. 炮八进一　　车6进2

31. 相三进一　　马2退4

32. 车六平二　　象7退9

33. 炮八进四！（图2）马4进5

34. 马六进五　　卒5进1

35. 车二平七！　象5退3

36. 车七进五　　车6退6

37. 炮八进一

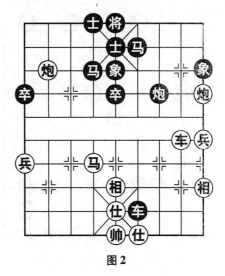

图2

第 144 局　　吕钦胜苗利明

（2009 年弈于成都第 1 届全国智力运动会）

1. 马八进七　　卒3进1　　　　2. 兵三进一　　马2进3

3. 马二进三　　车1进1　　　　4. 炮二平一　　马8进7

5. 车一平二　　车9平8　　　　6. 相七进五　　炮8进4

7. 炮八进四　　马3进4　　　　8. 炮八平三　　象7进5

9. 车九平八　　炮2平3　　　　10. 车八进四　　车1平8

11. 兵三进一　　象5进7　　　　12. 车八平六　　炮8退2

13. 炮三平九　　炮3平4　　　　14. 车六平三　　象7退5

15. 兵七进一　　卒3进1　　　　16. 车三平七　　炮8进4

17. 炮一进四　　前车进6？（图1）18. 马三进四　　马4进6

19. 车七平四　　马7进8　　　　20. 车四退一　　后车平7

21. 马七进六　　车7进6　　　　22. 车四退二　　马8进9

23. 仕六进五　　士6进5　　　　24. 马六进四　　车7退2

169

25. 车二平一　车8退1？　　26. 炮九平八　炮8进1

27. 炮八退三　炮4进4　　28. 马四进六　车7平4

29. 马六进七　车4退3　　30. 马七退八　车8退3

31. 炮一进二！（图2）士5进6　32. 炮一进一　炮8退5

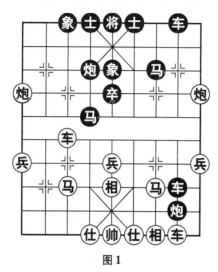

图1

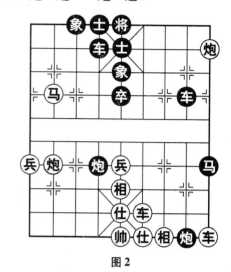

图2

33. 车四进六　卒5进1　　34. 车四平五　士4进5

35. 车五平三　炮8平9　　36. 车三进二　士5退6

37. 车三退四

第145局　陈孝堃负吕钦

（1996年弈于成都全国象棋团体赛）

1. 马八进七　卒3进1　　2. 兵三进一　马2进3

3. 马二进三　车1进1　　4. 炮二平一　马8进7

5. 车一平二　车9平8　　6. 炮八进四　马3进2

7. 车九进一　车1平3　　8. 炮八平三　卒3进1

9. 兵七进一　车3进4　　10. 车二进四　象7进5

11. 车九平四　车3退1　　12. 马七进六？车3进5！（图1）

13. 马六进八　车3退5　　14. 兵三进一　象5进7

15. 车二平四　车3平2　　16. 炮一平二　车8平9

17. 前车进一　炮8进2！　18. 前车平八　炮8平2

19. 车四进三　象7退5　　20. 车四平七　士6进5

21. 兵九进一　前炮进5	22. 帅五进一　前炮平1
23. 炮二进四　卒5进1	24. 相三进五　车9平8
25. 车七平二　炮2进3!	26. 车二平八　车8进3
27. 马三进二　马7进5	28. 帅五平四　马5进7
29. 车八平四　炮1平2	30. 仕四进五　卒9进1
31. 炮三进二　卒5进1!（图2）	32. 兵五进一　炮2退4

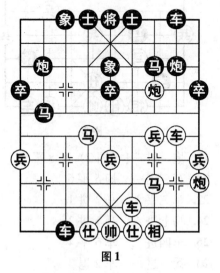

图1

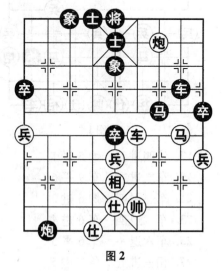

图2

33. 相五进七　马7进5	34. 炮三退六　马5进3
35. 车四退一　炮2进3	36. 仕五进六　马3进4
37. 仕六进五　车8进2	

第146局　许银川胜林恩德

（2001年弈于高雄广东队访问台湾交流赛）

1. 马八进七　卒3进1	2. 兵三进一　马2进3
3. 马二进三　车1进1	4. 炮二平一　马8进7
5. 车一平二　车9平8	6. 炮八进四　马3进2
7. 车九进一　象7进5	8. 车九平六　炮8进5
9. 车六进六　炮2平1?（图1）	10. 炮八进三　士6进5
11. 车六平五　车1平2	12. 车五平三　车2退1
13. 炮一进四　卒5进1	14. 马三进四　马2进3
15. 马四进三　车2进8	16. 马三退五　炮1平5

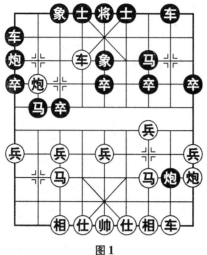

图1

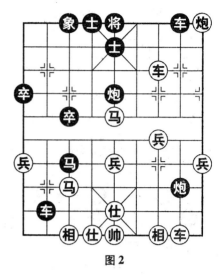

图2

17. 仕四进五	炮5进1	18. 炮一进三！（图2）	车8平9
19. 车二进二	车9平6	20. 车三退一	炮5平6
21. 车二平四	炮6进2	22. 车三平六	马3进1
23. 车六退四	车6进4	24. 马七进六	马1进3
25. 车六退一	车6平5	26. 车四进二	车5平4
27. 相三进五	象3进5	28. 兵一进一	车2退3
29. 车六平七	车2平4	30. 车四平六	车4进1
31. 车七进二	卒1进1	32. 车七平八	卒1进1
33. 兵九进一	车4平1	34. 车八进四	车1退2
35. 车八平五	车1平9	36. 车五退二	车9进2
37. 车五平七	车9进4	38. 仕五退四	车9退3
39. 兵五进一			

第147局　景学义胜阎文清

（2004年弈于石家庄将军杯全国象棋甲级联赛）

1. 马八进七	卒3进1	2. 兵三进一	马2进3
3. 马二进三	车1进1	4. 炮二平一	马8进7
5. 车一平二	车9平8	6. 车二进六	炮8平9
7. 车二进三	马7退8	8. 车九进一	车1平4
9. 车九平四	马8进7	10. 相七进五	炮2平1

11. 炮八退二　象7进5

12. 炮八平七　车4进3

13. 车四进七　车4平8

14. 兵七进一　卒3进1

15. 炮七进四　马3进4

16. 马三进二　炮9进4

17. 车四退五　炮9退2

18. 炮一平二　车8平5

19. 马七进六！（图1）马4退2

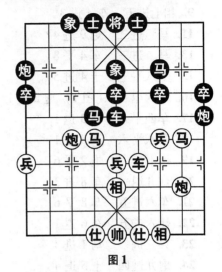

图1

20. 马六进四　马2进3

21. 相五进七　车5平3

22. 车四进一　士4进5

23. 马二进三　炮9进1

24. 炮二进二　卒9进1

25. 相七退五　卒1进1

26. 仕六进五　车3平4？

27. 炮二进一　车4平2

28. 兵三进一　炮9进1

29. 车四平七　车4平7

30. 车七平五　车3平1

31. 马四进三　炮1平7

32. 兵三平四　士5进4

33. 兵四进一　士6进5

34. 车五进二　车1进1

35. 马三退四　炮9进3

36. 兵四平三　车1进2

37. 仕五退六　炮7平6

38. 马四进六　车1退2

39. 炮二平五！（图2）车1平3

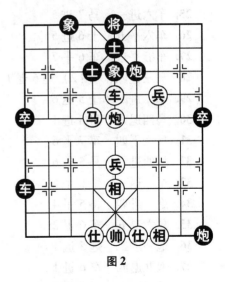

图2

40. 兵三进一

第148局　庄玉庭胜谢业枧

（2005年弈于郴州启新高尔夫杯全国象棋甲级联赛）

1. 马八进七　卒3进1

2. 兵三进一　马2进3

3. 马二进三　车1进1

4. 炮二平一　马8进7

5. 车一平二　车9平8

6. 车二进六　炮8平9

7. 车二进三　马7退8

8. 车九进一　车1平4

9. 相七进五　车4进3

10. 车九平四　象7进5

11. 马三进二　炮9进4?

12. 车四进二　炮9退1

13. 马二进三　车4平8

14. 炮八进四　马8进7

15. 炮八平七　士4进5

16. 车四退二!（图1）炮2进1

17. 车四平八　马3退1

18. 车八平六　卒5进1

19. 炮七平九　炮2平6

20. 炮九退一!　车8进3

21. 车六进五　车8平6

22. 仕六进五　车6退1

23. 兵三进一　马1进3

24. 炮九进四　士5退4

25. 车六进一　马7进5

26. 车六平五　士6进5

27. 车五平二　车6平7

28. 马三进四!（图2）炮6退1

29. 车二进二　士5退6

30. 马四退六　将5进1

31. 兵三平四　车7平6

32. 兵四进一　马5退6

33. 车二退三　炮6平5

34. 炮一进四　将5平4

35. 马六退五　车6退2

36. 炮一进二　炮5退1

37. 炮九退四　车6进1

38. 兵四进一　炮5平9

39. 兵四进一　车6退4

40. 车二平七

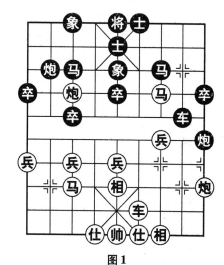

图1

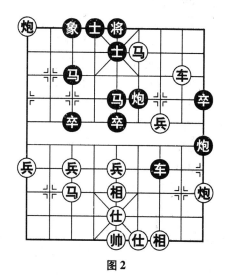

图2

174

第149局 蒋川负汪洋

（2006年弈于深圳西乡引进杯全国象棋个人赛）

1. 马八进七　卒3进1
2. 兵三进一　马2进3
3. 马二进三　车1进1
4. 炮二平一　车1平7
5. 车一平二　卒7进1
6. 兵三进一　车7进3
7. 炮一退一　马8进9
8. 炮一平三　车7平6
9. 车二进四　车9平8
10. 车二平四？　车6进1
11. 马三进四　炮8平7
12. 相七进五　车8进5
13. 马四退三　车8进3！（图1）
14. 炮三进六　炮2平7
15. 炮八进四　马3进4
16. 车九进一　车8平1
17. 马七退九　卒3进1
18. 炮八平一　马9进7
19. 相五进三　马7进9
20. 相三退五　卒3进1
21. 兵一进一　马9退7
22. 马三进一　马7进6
23. 马一进三　马4进5
24. 炮一平九　马5退7
25. 相五进三　炮7进7
26. 仕四进五　炮7退3（图2）
27. 兵九进一　炮7平5
28. 帅五平四　炮5退1
29. 相三退一　炮5平9
30. 兵九进一　马6进4
31. 炮九平六　炮9平6
32. 帅四平五　马4进3
33. 炮六退五　卒5进1
34. 仕五进六　炮6退1

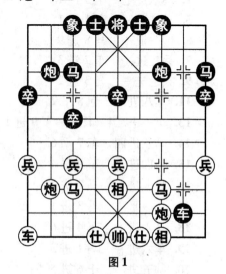

图1

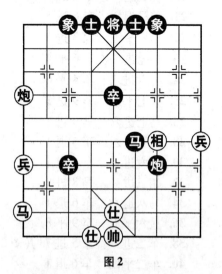

图2

35. 兵九进一 卒 5 进 1　　　　**36.** 仕六进五 卒 5 进 1

37. 相一进三 卒 5 平 6　　　　**38.** 兵九平八 炮 6 平 1

39. 马九退七 卒 3 进 1　　　　**40.** 帅五平六 炮 1 进 5

41. 马七进九 马 3 退 1

第 150 局　童本平负言赞昭

（2005 年弈于南京第 2 届中国灌南汤沟杯象棋大奖赛）

1. 马八进七 卒 3 进 1　　　　**2.** 兵三进一 马 2 进 3

3. 马二进三 车 1 进 1　　　　**4.** 炮二平一 车 1 平 7

5. 炮一退一 马 8 进 9　　　　**6.** 炮八平九 卒 7 进 1

7. 兵三进一 车 7 进 3　　　　**8.** 车九平八 卒 3 进 1

9. 兵七进一 马 3 进 2　　　　**10.** 炮一平八 炮 2 进 6

11. 车八进一 炮 8 平 2　　　　**12.** 车八平六 炮 2 平 3

13. 车一进二！（图 1）车 9 进 1

14. 马三进四 车 7 平 6

15. 马四进六 车 9 平 4

16. 兵七进一 马 2 进 3

17. 车一平六 马 3 进 1

18. 马六进七 车 4 进 6

19. 车六进一 马 1 进 3

20. 帅五进一 士 6 进 5

21. 前马退六 车 6 进 5

22. 车六平三 象 3 进 5

23. 兵七进一？ 车 6 平 4

24. 马六进八 车 4 平 6

25. 兵七平六 卒 9 进 1

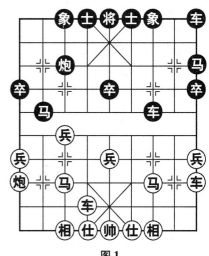

图 1

26. 马七进六 马 9 进 8　　　　**27.** 马六进五 将 5 平 6

28. 帅五平六 车 6 退 1　　　　**29.** 帅六退一 车 6 进 1

30. 帅六进一 车 6 退 1　　　　**31.** 帅六退一 车 6 退 5

32. 相三进一 马 8 进 9　　　　**33.** 车三平二 卒 9 进 1

34. 马八退六 车 6 退 1　　　　**35.** 马五退四 车 6 进 2

36. 兵六平五 卒 9 平 8　　　　**37.** 车二进二 马 9 进 7

38. 车二进一？ 象 5 进 7！（图 2）　**39.** 车二进一 马 7 退 6

40. 车二平四 车 6 退 1　　　　**41.** 马六进四 马 6 退 5

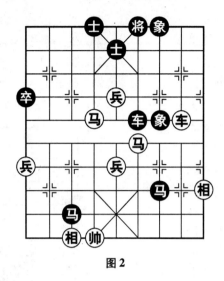

图2

第151局 于幼华负许银川

（2003年弈于广州第23届五羊杯全国象棋冠军邀请赛）

1. 马八进七　卒3进1
2. 兵三进一　马2进3
3. 马二进三　车1进1
4. 炮二平一　马8进9
5. 车一平二　车9平8
6. 炮八平九　车1平7
7. 车九平八　卒7进1
8. 兵三进一　车7进3
9. 马三进四　卒3进1
10. 车八进六　卒3进1
11. 马七退五　象7进5
12. 车二进五　马3进4！（图1）
13. 车二平三　马4退2
14. 车三平二　马2退4
15. 马四进五　炮8退1
16. 炮九平五　炮8平3
17. 车二进四　马9退8
18. 炮一进四　炮2进4
19. 兵五进一　士6进5
20. 炮五平二　马8进9
21. 前马退六　马4进3

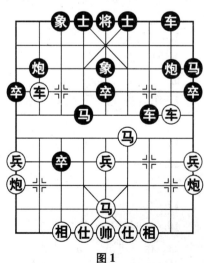

图1

22. 兵五进一	马 3 进 5	**23.** 马五进三	炮 3 进 8
24. 帅五进一	炮 2 进 2	**25.** 炮一平七	卒 3 平 4
26. 炮七退二	炮 3 退 1	**27.** 帅五退一	炮 3 进 1
28. 帅五进一	炮 3 退 1	**29.** 帅五退一	炮 3 进 1
30. 帅五进一	马 5 进 7	**31.** 炮二进一	炮 3 退 1
32. 帅五退一	炮 3 进 1		
33. 帅五进一	炮 3 退 1		
34. 帅五退一	炮 3 进 1		

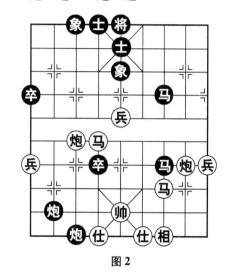

35. 帅五进一	马 6 进 7！（图 2）
36. 兵五平四	炮 3 退 1
37. 帅五退一	炮 3 进 1
38. 帅五进一	卒 4 进 1
39. 兵四进一	炮 3 退 1
40. 帅五退一	炮 3 进 1
41. 帅五进一	炮 3 退 1
42. 帅五退一	卒 4 进 1
43. 马六退七	后马进 6
44. 马三退一	炮 3 退 3

图 2

第 152 局　陶汉明负于幼华

（2004 年弈于广州第 24 届五羊杯全国象棋冠军邀请赛）

1. 马八进七	卒 3 进 1	**2.** 兵三进一	马 2 进 3
3. 马二进三	车 1 进 1	**4.** 炮二平一	马 8 进 7
5. 车一平二	车 9 平 8	**6.** 车二进六	炮 8 平 9
7. 车二进三	马 7 退 8	**8.** 车九进一	车 1 平 4
9. 车九平二	马 8 进 7	**10.** 车二进五	车 4 进 7
11. 车二平三	炮 9 退 1	**12.** 兵三进一	炮 9 平 7
13. 车三平二	炮 7 进 3	**14.** 马三进二	象 3 进 5
15. 仕四进五	马 3 进 4	**16.** 车二平三？（图 1）马 4 进 6
17. 车三平四	车 4 退 3	**18.** 马二进四	马 7 进 6
19. 车四退一	炮 7 进 2	**20.** 兵七进一	车 4 平 3
21. 相三进五	马 6 进 4	**22.** 兵五进一	炮 7 进 1！（图 2）
23. 车四退二	车 3 进 1	**24.** 帅五平四	炮 7 平 3

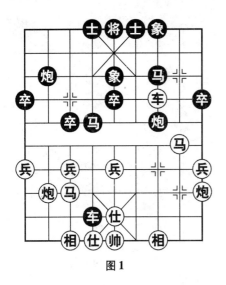

图1

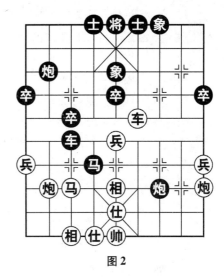

图2

25. 车四进六	将5进1	26. 车四退一	将5退1
27. 车四进一	将5进1	28. 车四退一	将5退1
29. 车四进一	将5进1	30. 炮一进四	炮2进3
31. 车四退一	将5退1	32. 车四进一	将5进1
33. 车四退一	将5退1	34. 车四进一	将5进1
35. 车四退六	卒3进1	36. 炮一退二	象7进9
37. 炮一平二	炮2进1	38. 车四进五	将5退1
39. 车四进一	将5进1	40. 车四退一	将5退1
41. 兵一进一	马4进3	42. 车四进一	将5进1
43. 车四退一	将5退1	44. 车四进一	将5进1

第 153 局　俞云涛负谢卓淼

（2002 年弈于济南嘉周杯全国象棋团体赛）

1. 马八进七	卒3进1	2. 兵三进一	马2进3
3. 马二进三	车1进1	4. 炮二平一	马8进7
5. 车一平二	车9平8	6. 相七进五	炮8进4
7. 炮八进四	马3进2	8. 炮八平三	象7进5
9. 仕六进五	卒1进1	10. 车九平六	车1平6
11. 车六进四	车6进3	12. 兵七进一	卒3进1

13. 车六平七　马2进1

14. 马七进九?（图1）炮8平1

15. 车七平八?　车8进9

16. 马三退二　炮2平3

17. 车八平七　炮3平2

18. 车七平八　炮2平3

19. 车八平七　炮3平2

20. 车七平八　炮2平3

21. 马二进三　炮1进3

22. 车八平七　炮3平4

23. 马三进四　车6平2

24. 仕五进六　士6进5

25. 炮一平三　卒9进1

26. 后炮退一　炮4平2

28. 车七平八　炮2平1

30. 车五平六　后炮平4

32. 车六平四　卒5进1

34. 车四平五　炮1平4

36. 前炮平四　马7退8

37. 车五平二?　马8进9

38. 车二平三　炮5退3

39. 相五进七　炮5退3

40. 帅六平五　车2进2

41. 炮三进一　车2平5

42. 炮三平五　车5平6

43. 炮五平三　卒1进1

44. 车三平一　卒1平2

45. 炮四平二　将5平6

46. 马六退八　象5进3!（图2）

47. 车一平三　车6平5

48. 炮三平五　车5进1

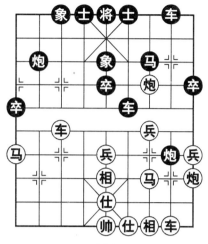

图1

27. 帅五进一　车2平5

29. 车八平五　车5平2

31. 车六进一　车2进1

33. 马四进六　车2退1

35. 帅五平六　前炮平5

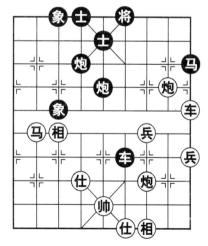

图2

第154局 李智屏胜廖二平

（2003年弈于武汉怡莲寝具杯全国象棋个人赛）

1. 马八进七 卒3进1
2. 兵三进一 马2进3
3. 马二进三 车1进1
4. 炮二平一 马8进7
5. 车一平二 车9平8
6. 炮八进四 马3进2
7. 炮八平三 象7进5
8. 相七进五 炮8进5
9. 仕六进五 卒1进1
10. 车九平六 卒1进1
11. 兵三进一 象5进7
12. 车六进七 炮2平3
13. 炮三平四！（图1） 车8进2
14. 马三进四 车1平6
15. 马四进六 士4进5
16. 车二进二！ 车8进5
17. 车六平三 车6进1
18. 车三退二 象3进5
19. 马六进七 马2退3
20. 车三进一 卒1平2
21. 炮四平一 卒2进1
22. 前炮进三 车8退7
23. 兵七进一 卒2平3
24. 马七退六 车6进4
25. 兵一进一 车6平5
26. 兵七进一 象5进3
27. 兵一进一 象3退5
28. 兵一进一 马3进4
29. 车三平二 车8平7
30. 兵一进一 马4进6
31. 相五进三！（图2） 马6进4
32. 马六进五 将5平4
33. 帅五平六 车5退1
34. 兵一进一 将4进1

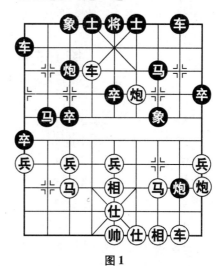

图1

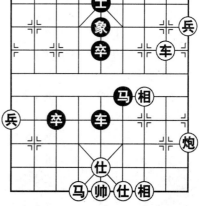

图2

35. 车二退三	车5平3	36. 马五退七	士5进4
37. 马七进六	车3平4	38. 后炮平六	车4进1
39. 相三进一	士6进5	40. 帅六平五	车7平1
41. 车二平五	车1进6	42. 车五进三	车4退2
43. 炮六退二	车1进3	44. 车五平八	卒3平4
45. 车八退三	将4退1	46. 兵一平二	象5退3
47. 车八进六	车4平3	48. 车八退三	车3平9
49. 炮一平二	车1退5	50. 兵二平三	车1平2
51. 车八平六	将4平5	52. 车六平五	

第155局 谢业枧负党斐

(2008年弈于东莞第3届杨官璘杯全国象棋公开赛)

1. 马八进七	卒3进1	2. 兵三进一	马2进3
3. 马二进三	车1进1	4. 炮二平一	车1平7
5. 炮八进四	卒7进1	6. 炮八平七	卒7进1
7. 炮七进三	士4进5	8. 车九平八	卒7进1
9. 马三退五	炮2进2	10. 车一平二	炮8进4
11. 兵九进一	象7进5	12. 炮七平九	马8进7
13. 兵五进一?(图1)	马7进6		
14. 马七进九	马6退4		
15. 车二进二	车7进4		
16. 马五进七	车7平5		
17. 仕六进五	炮8退2		
18. 车二平六	马4退3		
19. 兵九进一	卒1进1		
20. 马九进八	炮8平2		
21. 车六进四?	卒3进1		
22. 兵七进一	后马退1		
23. 兵七进一	车5平3!(图2)		
24. 兵七平八	车3进2		
25. 兵八进一	马3退4		
26. 炮一平六	车9进2	27. 相三进五	马1进3
28. 车六平五	车3退3	29. 车八进三	车9平7

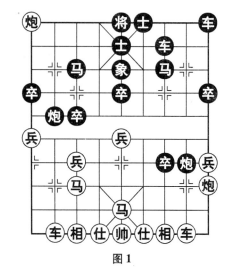

图1

30. 车八平六　马4进3
31. 车五平一　前马进2
32. 车六进五　象5退7
33. 相五进七　卒7平6
34. 相七进九　卒6平5
35. 兵八平七　马3进1
36. 兵七平八　马2进3
37. 车一平五　车7平5
38. 车六退二　车3平5
39. 车五退一　车5进2
40. 兵八平九　马1退3
41. 车六进二　车5平3
42. 炮六平三　车3退1

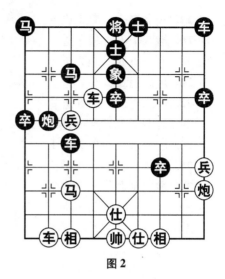

图2

43. 炮三进三　后马进4
44. 炮三平五　士5进6
45. 车六退一　将5进1
46. 兵九进一　车3平2
47. 兵九进一　卒5进1
48. 相九退七　马4进3
49. 车六退四　前马进2
50. 炮五退一　车2平4
51. 车六进三　马3退4
52. 炮五进二　卒5平4

第156局　吕钦胜蒋川

(2008年眉山道泉茶叶杯全国象棋明星赛)

1. 马八进七　卒3进1
2. 兵三进一　马2进3
3. 马二进三　车1进1
4. 炮二平一　马8进7
5. 车一平二　车9平8
6. 车二进六　炮8平9
7. 车二进三　马7退8
8. 车九进一　车1平4
9. 相七进五　象7进5
10. 车九平二　马8进6
11. 马三进四　车4进4
12. 车二平四　马3进2
13. 兵七进一！(图1)　马2进3

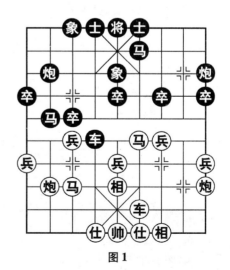

图1

14. 兵七进一 象5进3　　15. 炮八退二 炮9平3

16. 炮八平七 象3进5　　17. 兵一进一 卒5进1

18. 炮一进四 炮2进5　　19. 炮一平二 士6进5

20. 炮二退二 马3进5　　21. 马四退五 车4平7

22. 炮二进二 马6进8　　23. 车四平八 炮2平1

24. 马七退五 炮1进2　　25. 炮七平八 车7平4

26. 后马进三 象3退1　　27. 车八平七 炮3进2

28. 炮八平七? 车4平7　　29. 车七平九 炮1平2

30. 炮二平九 车7进2　　31. 车九平八 卒5进1

32. 兵五进一 马8进7　　33. 兵五进一 马7进5

34. 帅五进一 炮2平4　　35. 车八进三 马5进6

36. 帅五平六 车7退1　　37. 炮九平五 车7平4

38. 帅六平五 车4平8　　39. 帅五平六 车8平4

40. 帅六平五 车4平8

41. 帅五平六 车8平4

42. 帅六平五 车4平8

43. 帅五平六 炮3进3

44. 车八平七 炮3平2

45. 炮七进二!（图2）马6进7

46. 马五进四 车8平6

47. 帅六退一 车6进3

48. 帅六进一 车6退1

49. 帅六退一 车6进1

50. 帅六进一 车6退1

51. 帅六退一 炮2退1

52. 车七平六 将5平6

53. 马四进三

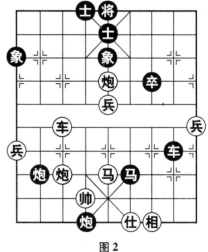

图2

第157局　陶汉明负汪洋

（2010年弈于常州第5届后肖杯象棋大师精英赛）

1. 马八进七 卒3进1　　2. 兵三进一 马2进3

3. 马二进三 车1进1　　4. 炮二平一 马8进7

5. 车一平二 车9平8　　6. 车二进六 炮8平9

7. 车二进三　马7退8

8. 车九进一　车1平4

9. 车九平四　象7进5

10. 相七进五　车4进3

11. 车四进三　马8进7

12. 炮八平九　马3进2

13. 兵七进一　卒7进1

14. 炮九进四　马2进3

15. 仕四进五　士6进5

16. 兵一进一　炮2平1

17. 炮一进一　马3进1

18. 炮一退二　炮9退2

19. 炮九退一?（图1）卒3进1

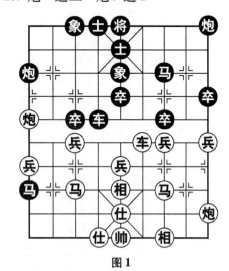

图1

20. 炮九退三　炮1进5

21. 车四平七　炮1进2

22. 相五退七　炮9进5!

23. 兵三进一　车4平7

24. 马三退四　卒9进1

25. 相三进五　炮9进2

26. 马七进八　车7进4

27. 炮一退一　车7平6

28. 车七平三　马7进8

29. 车三退二　炮9退1

30. 车三平四　车6退1

31. 仕五进四　马8进6

32. 相五进三　炮9平8

33. 兵五进一　卒9进1

34. 炮一平二　士5进6

35. 炮二进一　士4进5

36. 马四进五　马6进7

37. 马五进六　炮8退1

38. 马六进五?　马7退9

39. 炮二平五　马9退7

40. 马八退六　炮8平5

41. 帅五平四　马7进9

42. 炮五平八　卒9平8

43. 马五退六　卒8平7

44. 后马退七　炮1平2

45. 马六退七　炮2平4!（图2）

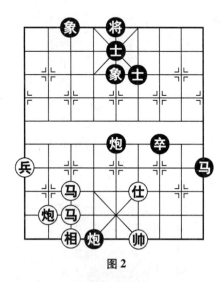

图2

46. 前马进五　炮4退6

47. 马五进七　炮4平5

48. 前马进六　前炮进1

185

49. 马七进六　卒7平6　　　50. 后马进五　卒6平5
51. 马五进三　马9进8　　　52. 炮八平三　前炮平9
53. 马三退一　卒5进1　　　54. 马六退五　卒5平6
55. 兵九进一　卒6平7

第158局　吕钦胜阎文清
（2009年弈于成都第1届全国智力运动会）

1. 马八进七　卒3进1　　　2. 兵三进一　马2进3
3. 马二进三　车1进1　　　4. 炮二平一　马8进7
5. 车一平二　车9平8　　　6. 相七进五　象7进5
7. 车二进六　炮8平9　　　8. 车二进三　马7退8
9. 车九进一　车1平8　　　10. 车九平六　车8进3
11. 车六进三　马8进7　　　12. 炮八进四　卒7进1
13. 炮八平七　马7进6　　　14. 车六平八　炮2平1
15. 马三进四　卒7进1　　　16. 马四进六　卒7进1
17. 炮七进三　象5退3
18. 马六进七　马6退7?（图1）
19. 前马退九　车8平7
20. 兵七进一　卒3进1
21. 车八平七　卒7进1
22. 兵一进一　卒7平8
23. 炮一退一　卒8进1
24. 炮一进一　象3进5
25. 车七平三　车7进1
26. 相五进三　炮9进3
27. 马九进七　士6进5
28. 炮一平五　士5进4
29. 前马退六　士4进5

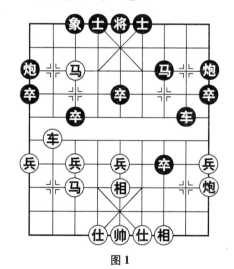

图1

30. 相三退一　炮9退1　　　31. 兵五进一　炮1平2
32. 马六进四　炮9平3　　　33. 马七进六　炮3进2?
34. 仕六进五　炮3平5　　　35. 马四退三　炮5平3
36. 马六进五　马7进6　　　37. 兵五进一　马6进7
38. 炮五平八　马7进9　　　39. 马三退二　马9退8

40. 马五进七 马8进7

41. 马七退六 炮3平8

42. 兵五进一 象5进3

43. 仕五进四！（图2）马7退8

44. 兵五平六 将5平6

45. 马六退四 炮8平5

46. 马二进三 炮5退4？

47. 炮八进四 卒9进1

48. 马四退六！ 马8进9

49. 马六进七 炮2退1

50. 马三进一 马9进7

51. 帅五进一 马7退6

52. 马一进三 炮5平7

53. 相三进五 马6退4

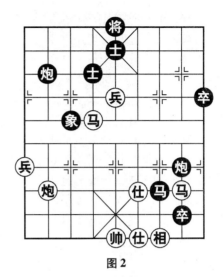

图2

54. 兵九进一 卒8平7

55. 炮八退五 炮2平4

56. 马七进五 马4退5

57. 兵六平五 炮4平3

58. 马三退四

第159局 吕钦胜苗利明

（2004年弈于广州将军杯全国象棋甲级联赛）

1. 马八进七 卒3进1

2. 兵三进一 马2进3

3. 马二进三 车1进1

4. 炮二平一 马8进7

5. 车一平二 车9平8

6. 车二进六 炮8平9

7. 车二进三 马7退8

8. 车九进一 车1平4

9. 车九平四 马8进7

10. 相七进五 象7进5

11. 炮八退二 车4进3

12. 车四进三 车4平8（图1）

13. 车四平六 卒7进1

14. 兵七进一 马7进6

15. 车六平四 卒7进1

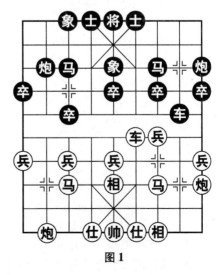

图1

16. 车四平三	卒3进1		**17.** 车三平七	炮2退1
18. 马三进四	车8进3		**19.** 马七退五	马6进8!
20. 炮八进三	马8进9		**21.** 炮八退一	车8退2
22. 相三进一	炮2平3		**23.** 车七平六	士6进5
24. 马五进三	车8退2		**25.** 炮八退一	卒5进1
26. 相一退三	炮9平7		**27.** 车六平八	炮7进4
28. 兵九进一	车8平4		**29.** 炮八平一	炮3平1
30. 仕四进五	车4平6		**31.** 兵一进一	士5退6
32. 马三进一!	炮7退2		**33.** 车八平七	马3进2
34. 马四退六	炮1平5		**35.** 马一进三	卒5进1
36. 兵五进一	马2退4		**37.** 车七平八	马4进5
38. 马三进五	炮5进3		**39.** 车八平五	炮5平2
40. 车五平八	炮2平4		**41.** 车八平四	车6平8
42. 马六退四	炮4退3		**43.** 马四进五	炮7平5
44. 车四进一	车8平5		**45.** 马五退四	炮4进3

46. 车四退一	炮5平7
47. 车四进一	炮4退3
48. 仕五进六	炮7进4
49. 马四进三	炮4平1?
50. 马三进四	士6进5
51. 炮一进五	车5进2
52. 炮一进二! (图2)	士5进6
53. 兵一进一	车5平8
54. 马四进六	炮1平4
55. 车四进二	象5进7
56. 车四退一	炮7平1
57. 车四平五	将5平6
58. 相五退七	象7退5
59. 车五进一	

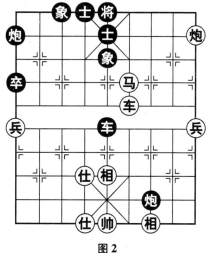

图2

第160局　景学义胜周小平

(2008年弈于顺德松业杯全国象棋个人赛)

1. 马八进七	卒3进1		**2.** 兵三进一	马2进3
3. 马二进三	车1进1		**4.** 炮二平一	马8进7

5. 车一平二　车9平8　　　6. 车二进六　炮8平9

7. 车二进三　马7退8　　　8. 车九进一　车1平4

9. 相七进五　车4进3　　　10. 车九平四　马8进7

11. 车四进七　卒7进1　　　12. 马三进四　车4平5

13. 马四进三　车5平4　　　14. 马三进一　象7进9

15. 车四平八　炮2平1　　　16. 车八退一　马3退5?

17. 兵三进一　象9进7

18. 炮八进三!（图1）卒3进1

19. 兵七进一　象7退5

20. 仕六进五　马5退7

21. 炮八退五　后马进9

22. 炮八平七　车4进2

23. 炮一平四　马7进8

24. 车八退一　马9进7

25. 车八平九　马8进6

26. 相五进三　马7进8

27. 兵一进一　马8进7

28. 兵七进一　马7退9

29. 车九退二　马6退7

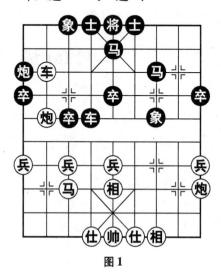

图1

31. 车九平六!　车4退1

33. 炮七进四　马6进4

30. 兵七进一　炮1平4

32. 马七进六　马7进6

34. 仕五进六　马9退7

35. 仕四进五　卒5进1

36. 炮四平五　马7退6

37. 兵九进一　卒9进1

38. 相三退一　炮4平2

39. 兵九进一　炮2进5

40. 炮七退二　炮2退6

41. 兵七平六　炮2平5

42. 兵九平八　卒9进1

43. 炮七进二　卒9进1

44. 相一进三　卒9平8

45. 兵六进一　炮5平9

46. 马六进七　象5进7

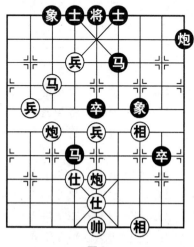

图2

189

47. 兵五进一!（图2） 士 4 进 5		**48.** 兵五进一 象 3 进 5		
49. 兵五平六 马 4 退 6		**50.** 前兵平五 前马进 5		
51. 相三进五 象 7 退 5		**52.** 马七进五 士 5 进 4		
53. 兵八平七 士 6 进 5		**54.** 炮七平五 炮 9 进 1		
55. 马五退四 将 5 平 4		**56.** 炮五平九 马 6 进 7		
57. 炮九进二 炮 9 进 2		**58.** 马四进五 马 7 进 5		
59. 马五进三 炮 9 平 6		**60.** 兵六平五		

第 161 局　陈富杰负胡荣华

（2003 年弈于上海千年银荔杯全国象棋甲级联赛）

1. 马八进七 卒 3 进 1	**2.** 兵三进一 马 2 进 3
3. 马二进三 车 1 进 1	**4.** 炮二平一 象 7 进 5
5. 车一平二 马 8 进 6	**6.** 车九进一 马 3 进 4
7. 车九平六 马 4 进 3	**8.** 车六进三 车 9 平 8
9. 车二进六 炮 8 平 9	**10.** 车二进三 马 6 退 8
11. 马三进四 马 8 进 6	**12.** 炮八进四 车 1 平 3
13. 车六进二 卒 3 进 1	**14.** 炮八平五 马 6 进 5
15. 车六平五 车 3 平 6	
16. 马四进三 车 6 进 6!（图1）	
17. 马三进五 象 3 进 5	
18. 车五进一 士 6 进 5	
19. 车五平一 炮 2 进 6?	
20. 仕四进五 车 6 平 7	
21. 相七进五 将 5 平 6	
22. 车一进二 将 6 进 1	
23. 车一退一 将 6 退 1	
24. 车一进一 将 6 进 1	
25. 车一退一 将 6 退 1	
26. 车一退二 炮 2 平 3	
27. 车一平四 将 6 平 5	

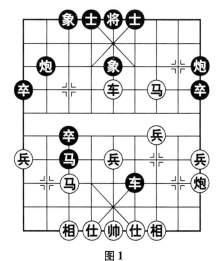

图1

28. 相五退七? 车 7 进 2	**29.** 车四退六 车 7 退 4
30. 车四进六 炮 3 平 4	**31.** 车四退四 车 7 进 4
32. 车四退二 车 7 退 3	**33.** 车四进二 卒 3 平 2

34. 炮一平二	卒 2 进 1	35. 马七退九	卒 2 平 1
36. 炮二进二	车 7 进 3	37. 仕五退四	车 7 退 4
38. 炮二退三	车 7 进 3	39. 炮二平六	车 7 平 4
40. 马九进七	前卒平 2	41. 兵五进一	车 4 退 2!
42. 仕六进五	车 4 平 9		
43. 兵五进一	卒 1 进 1		
44. 车四进二	卒 1 进 1!（图 2）		
45. 车四平六	卒 1 进 1		
46. 兵五平六	卒 2 进 1		
47. 马七退六	车 9 平 5		
48. 车六退二	卒 1 平 2		
49. 马六进五	马 3 进 2		
50. 车六进二	前卒平 3		
51. 车六平三	卒 2 进 1		
52. 车三退一	车 5 退 4		
53. 车三平八	士 5 退 6		
54. 兵六进一	车 5 平 1		
55. 车八平五	士 6 进 5	56. 马五进三	车 1 进 7
57. 仕五退六?	马 2 退 4	58. 帅五进一	车 1 平 3
59. 帅五进一	马 4 退 3	60. 车五进一	卒 3 平 4
61. 帅五退一	卒 4 进 1!	62. 帅五平四	车 3 退 3

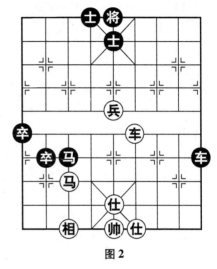

图 2

第 162 局　于幼华负吕钦

（1983 年弈于昆明全国象棋个人赛）

1. 马八进七	卒 3 进 1	2. 兵三进一	马 2 进 3
3. 马二进三	车 1 进 1	4. 炮二平一	马 8 进 7
5. 车一平二	车 9 平 8	6. 相七进五	象 7 进 5
7. 仕六进五	车 1 平 4	8. 车二进六	炮 2 进 1
9. 炮八平九	卒 7 进 1	10. 车二退二	卒 7 进 1
11. 车二平三	马 7 进 6	12. 车九平八	炮 2 平 3
13. 车三平四	车 4 进 3	14. 车八平六	车 4 进 5
15. 马七退六	马 6 退 7	16. 炮九平七	马 7 进 8
17. 车四平三	炮 3 平 2	18. 兵七进一	卒 3 进 1

19. 车三平七　　马3进2

20. 车七进二　　炮2退1

21. 车七平五　　马2进4

22. 车五平八！　车8平7！（图1）

23. 马三退一　　马8进6

24. 炮一进四　　车7进6

25. 炮七进二　　马4进6

26. 炮七平五　　士6进5

27. 仕五进四　　车7平9

28. 车八平四　　后马退8

29. 马一进三　　车9平7

30. 车四平二　　车7进1

31. 车二退一　　车7平6

32. 马六进七　　车6平7

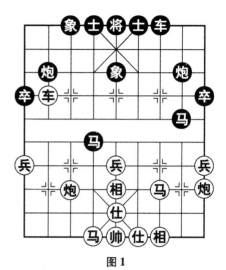

图1

33. 炮一平六　　马6进7

34. 帅五进一　　车7退3！

35. 车二退四　　马7退6

36. 帅五退一　　车7平3

37. 炮五平七　　车3平4

38. 炮六平一　　炮8进5！

39. 马七退八　　炮2进1

40. 车二平四　　炮2进3

41. 车四平六　　车4平7

42. 炮七平五　　炮2退2

43. 车六进五　　车7平6

44. 车六平三　　将5平6

45. 车三退二　　炮2进1

46. 炮五进二　　炮2进3

47. 马八进六　　车6退1

48. 炮五退二　　马6进7

49. 帅五平六　　炮8退3

50. 炮一平三　　炮8平4

51. 马六进七　　车6进6

52. 帅六进一　　马7进5！（图2）

53. 炮五平四　　马5退3

54. 马七退八　　马3退4

55. 炮四平六　　车6退1

56. 帅六退一　　车6平2

57. 车三平四　　将6平5

58. 车四进一　　炮4退2

59. 炮三退三　　车2退3

60. 车四退一　　马4进3

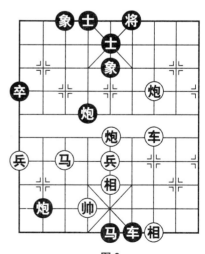

图2

61. 炮六平七　车2退2　　　　62. 帅六进一　炮4平2

63. 车四平六　车2平6

第163局　吕钦负蒋川

(2010年第16届广州亚运会象棋比赛)

1. 马八进七　卒3进1　　　　2. 马二进三　马2进3

3. 兵三进一　车1进1　　　　4. 炮二平一　马8进7

5. 车一平二　车9平8　　　　6. 车二进六　炮8平9

7. 车二进三　马7退8　　　　8. 车九进一　车1平4

9. 相七进五　马8进7　　　　10. 车九平四　象7进5

11. 炮八退二　车4进3 （图1）

12. 炮八平七　卒7进1

13. 车四平八　炮2进2

14. 车八进三　卒7进1

15. 车八平三　车4平7

16. 车三进一　炮2平7

17. 兵七进一　卒3进1

18. 炮七进四　马3进4

19. 炮七平一　炮9平8

20. 前炮平六　炮7进2

21. 炮一进四　马7进6

22. 兵五进一　炮7平3

23. 炮六平七　马6进7

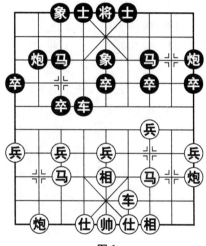

图1

24. 炮一平九　马7退5　　　　25. 仕六进五　马5进7

26. 马七进五　马4进6　　　　27. 炮九退二　马6进4

28. 马五进六　炮3平2　　　　29. 炮七退二　士6进5

30. 马三进五　炮8进7　　　　31. 相五进三　马7退5

32. 炮七平二　卒5进1　　　　33. 炮二退一　马5进7

34. 炮二平三　马7退5　　　　35. 炮三平二　马5进7

36. 炮二平三　马7退5　　　　37. 炮三平二　马5进7

38. 炮二平三　象5进3　　　　39. 马五进四　马7进6

40. 炮九平七　象3进5　　　　41. 炮七退二　炮2平9

42. 马六退五　马6退5　　　　43. 马四退五　卒5进1

44. 马五退三　炮9平1
45. 炮三平二　炮8平9
46. 炮二平一　炮1进1
47. 炮七进一　卒5平6
48. 马三进五　炮1退4
49. 相三退五　炮1平5
50. 马五退三　卒6平5
51. 马三退二　马4退6
52. 炮七退二　卒5进1
53. 帅五平六　炮5平8!（图2）
54. 炮七平九　士5进4
55. 帅六进一　炮8退2
56. 帅六退一　象5退3
57. 炮九平八　象3退1
58. 炮八平九　炮8平4
59. 炮九平六　炮4平7
60. 炮六平九　卒5进1!
61. 相三进五　马6进5
62. 炮一平三　炮7平4
63. 帅六平五　马5退6
64. 炮三平一　马6进8

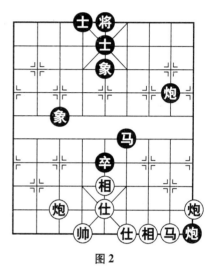

图 2

第164局　苗永鹏胜杨德琪

（2003年弈于沈阳千年银荔杯全国象棋甲级联赛）

1. 马八进七　卒3进1
2. 兵三进一　马2进3
3. 马二进三　车1进1
4. 炮二平一　车1平7
5. 车一平二　卒7进1
6. 兵三进一　车7进3
7. 炮一退一　马8进9
8. 炮一平三　车7平6
9. 相七进五　卒9进1
10. 车二进四　马9进8
11. 车二平三　象7进5
12. 仕六进五　马3进2
13. 炮八进五　炮8平2
14. 车九平六　车6进4!（图1）
15. 炮三平一　马2进3
16. 车六进三　炮2平3
17. 车三平二　车9平7
18. 车二进一　车7进7
19. 炮一进四　车7进2
20. 车二进一　车7退5
21. 炮一进四　车7退4
22. 炮一退三　士6进5
23. 车二平五　车6退4
24. 车五平七　马3退4
25. 炮一平五　车7进3?
26. 兵五进一　炮3平4

194

27. 车六平二　马4进6

28. 车二平四　车7平6

29. 马七进八　马6退8

30. 车四平二　卒3进1

31. 炮五平九！后车退1

32. 车七退二　前车平2

33. 马八退七　马8进6

34. 车二平五　车6进1

35. 炮九退二　车2平8

36. 车五平四！（图2）车6退1

37. 车七退一　马6退5

38. 车四进四　炮4平6

39. 车七平五　车8平3

40. 兵五进一　马5进7

41. 马七进六　炮6平8

42. 兵五平四　炮8进7

43. 相五退三　车3进5

44. 仕五退六　车3退4

45. 马六退五　马7退6

46. 兵四进一　马6退7

47. 炮九进五　车3退2

48. 兵四平五　车3平1

49. 炮九平八　车1平2

50. 炮八平九　象5进7

51. 车五平二　炮8平9

52. 马五进六　车2进2

53. 车二进一　士5退6

54. 车二平五　车2退5

55. 炮九退四　车2进5

56. 炮九平五　士4进5

57. 车五平二　车2平3

58. 炮五退三　车3进1

59. 兵五平六　将5平4

60. 马六进八！车3平4

61. 仕六进五　士5进4

62. 车二平七　马7进8

63. 车七进五　将4进1

64. 车七退一　将4退1

65. 马八进九　马8进6

66. 车七进一　将4进1

67. 马九退七　将4平5

68. 车七退一

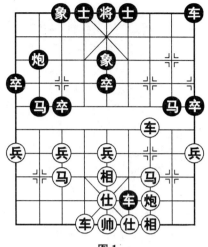

图1

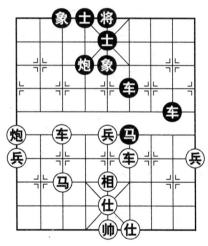

图2

第165局 吕钦胜于幼华

(2004年弈于广州第24届五羊杯全国象棋冠军邀请赛)

1. 马八进七　卒3进1
2. 兵三进一　马2进3
3. 马二进三　车1进1
4. 炮二平一　象7进5
5. 车一平二　炮8平6
6. 车九进一　车1平7
7. 马三进二　车7平8
8. 车九平二　马8进6
9. 马二进一　车8进7
10. 车二进一　车9进2?
11. 炮八进四　车9平8
12. 车二进六　马6进8
13. 炮八平三　马3进4?
14. 炮三平九　炮6进4
15. 炮九退一　马4进3
16. 兵三进一　马8进6
17. 炮一平五!（图1）马6进7

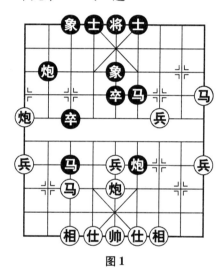

图1

18. 炮五进四　士6进5
19. 仕六进五　卒3进1
20. 相七进五　卒3平4
21. 马一退二　炮6退1
22. 马二进三　马7进8
23. 兵三平四　马8进9
24. 马三退四　马9退7
25. 帅五平六　炮2平4
26. 仕五进六　卒4平5
27. 炮五平六　卒5平6
28. 相五进七!　卒6进1
29. 炮九平七　卒6平5
30. 炮七退二　卒5平4
31. 炮七平八　卒4平3
32. 马七退九!（图2）炮4平1
33. 炮六平九　卒3平2
34. 马九进八　炮1进4

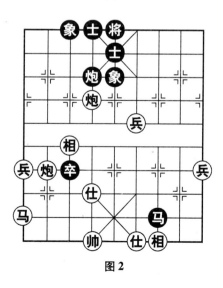

图2

35. 兵一进一　炮1退1　　36. 兵一进一　马7退6
37. 兵一平二　炮1平2　　38. 炮九平四　马6退8
39. 兵四平五　炮2退1　　40. 兵二进一　象5进3
41. 兵五进一　马8退6　　42. 兵二平三　象3退5
43. 炮四进二　炮2平4　　44. 帅六平五　马6进8
45. 兵三平四　炮4平7　　46. 炮四平三　马8进6
47. 仕四进五　炮7平9　　48. 相三进五　炮9进2
49. 马八进九　马6进7　　50. 帅五平四　炮9平4
51. 炮三退五　炮4平6　　52. 马九进八　马7退8
53. 帅四进一　马8退7　　54. 马八退六　士5进4
55. 炮三退三　士4进5　　56. 炮三平八　炮6平2
57. 相五进三　炮2退3　　58. 马六进八　炮2进3
59. 马八进九　将5平6　　60. 仕五进四　马7进5
61. 帅四平五　炮2平8　　62. 兵四平三　炮8退5
63. 炮八进四　马5退3　　64. 炮八进五　象3进1
65. 兵五进一　炮8进5　　66. 炮八退九　炮8平6
67. 炮八平五　象1退3　　68. 兵五进一　士4退5
69. 炮五进八　炮6退4　　70. 兵三平四　炮6平5
71. 帅五平四　将6进1　　72. 炮五平九　将6退1
73. 马九退七

第166局　陈建国负庄玉庭

（2004年弈于杭州将军杯全国象棋甲级联赛）

1. 马八进七　卒3进1　　2. 兵三进一　马2进3
3. 马二进三　车1进1　　4. 炮二平一　马8进9
5. 炮八平九　车9平8　　6. 车九平八　炮8平7
7. 车八进四　炮2退1　　8. 马三进四　象3进5
9. 相七进五　车8进8（图1）　10. 炮一进四　炮2平9
11. 车一进一　车8平9　　12. 炮一退五　炮9进5
13. 炮一进六　象7进9　　14. 马四进三　象9退7
15. 炮九退一　车1平4　　16. 炮九平二　车4平8
17. 炮二平六　车8进2　　18. 炮六进五　车8平4
19. 仕六进五　炮9进3　　20. 马七退六　士4进5

21. 炮六平七　车 8 退 3

22. 车八平六　炮 7 平 6

23. 兵三进一？车 8 平 7

24. 车六平一　炮 9 平 8

25. 车一平二　炮 8 平 9

26. 马六进七　炮 6 平 7

27. 仕五进四　马 3 退 4！（图 2）

28. 车二平三　车 7 进 1

29. 相五进三　炮 7 进 3

30. 马三退四　马 4 进 3

31. 马四进六　马 3 退 2

32. 兵五进一　马 2 进 4

33. 炮七平八　炮 7 退 4

34. 马六进四　士 5 进 6

35. 炮八退五　士 6 进 5

36. 炮八平一　象 7 进 9

37. 马七进五　象 9 进 7

38. 马四退三　马 4 进 2

39. 马三退二　炮 9 平 8

40. 炮一平六　马 2 进 4

41. 马五退四　炮 7 平 8

42. 马四退二　炮 8 进 8

43. 炮六进四　炮 8 退 1

44. 仕四退五　马 4 退 3

45. 炮六平四　马 3 进 2

46. 马二进四　炮 8 退 2

47. 马四进六　炮 8 平 1

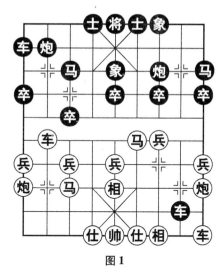

图 1

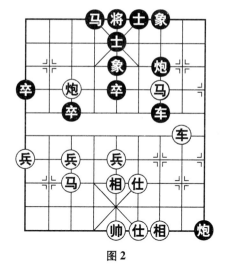

图 2

48. 相三进五　马 2 进 1

49. 马六进八　炮 1 进 3

50. 炮四退三　炮 1 平 2

51. 帅五平六　士 5 进 4

52. 炮四平二　士 6 退 5

53. 炮二平一　炮 2 退 4

54. 炮一平三　马 1 退 2

55. 炮三进二　炮 2 进 1

56. 兵七进一　马 2 进 4

57. 兵七进一　象 5 进 3

58. 炮三平二　象 7 退 5

59. 仕五进四　马 4 退 6

60. 马八退七　炮 2 退 5

61. 仕四进五　炮 2 平 3

62. 相五进七　卒 1 进 1

63. 帅六平五 马6退8	64. 炮二平四 马8进7
65. 炮四进一 象3退1	66. 相七退五 马7进8
67. 帅五平四 士5退4	68. 兵五进一 卒5进1
69. 炮四平九 象5进3	70. 相五进七 象3退5
71. 相七退五 马8进7	72. 炮九进一 象5进3
73. 炮九平七 炮3平9	74. 炮七平一 炮9平3
75. 炮一平七 马7退8	76. 帅四平五 马8退6
77. 相五进三 马6进4	78. 马七进六? 马4退2
79. 炮七平八 马2退4	80. 炮八退一 马4进5
81. 炮八平五 马5退7	

第167局 吕钦胜聂铁文

（2003年弈于武汉怡莲寝具杯全国象棋个人赛）

1. 马八进七 卒3进1	2. 兵三进一 马2进3
3. 马二进三 车1进1	4. 炮二平一 象7进5
5. 车一平二 马8进6	6. 车九进一 马3进4
7. 车九平四 车9平7	8. 车四进四 车1平4
9. 马三进四!（图1）马4进6	

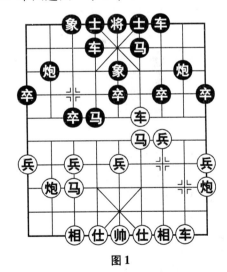

图1

10. 车四退一 卒7进1	
11. 兵三进一 车7进4	
12. 相七进五 车7进4	
13. 仕六进五 马6进7	
14. 车四进二 车4平6	
15. 车四平五 马7进6	
16. 车五平六 车7退2	
17. 车二进四 马6进8	
18. 炮一平二 车6进7	
19. 炮八退一 炮8平7	
20. 相三进一 车6退2	
21. 炮八进二 车7进1	

22. 兵七进一 车6进2	23. 车二退一 车7平5
24. 车六退四 车5平4	25. 仕五进六 卒3进1
26. 兵五进一 车6平8!	27. 炮八进三 炮7进5
28. 炮八平五 象5进7?	29. 车二进四 将5进1

199

30. 车二进一　将5退1

31. 炮二进四！车8退3

32. 相一进三　炮7平8

33. 车二退一　将5进1

34. 兵五进一　炮8平3？

35. 车二进一　将5退1

36. 炮五进一！（图2）车8退2

37. 车二退二　象7退5

38. 车二平九　卒9进1

39. 车九平八　炮2平1

40. 兵五进一　士6进5

41. 兵九进一　炮1平4

42. 车八平六　卒3平2

43. 兵九进一　炮3退2

44. 相三退五　炮3平8

45. 仕四进五　炮8进3

46. 车六退二　卒2进1

47. 车六平八　卒2平1

48. 兵五平六　炮4平3

49. 车八平七　炮3平2

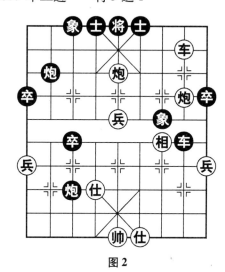

图2

50. 兵九平八　炮2平1

51. 车七平九　象5退7

52. 车九退一　炮1平9

53. 车九平二　炮8平6

54. 仕五进四　炮6平1

55. 相五进七　炮1退7

56. 兵六平五　士5退6

57. 仕六退五　炮1平9

58. 兵五平四　前炮进4

59. 兵四进一　象7进5

60. 兵四进一　士4进5

61. 相七退五　卒9进1

62. 兵八进一　后炮进1

63. 相五进三　后炮平6

64. 兵八平七　象3进1

65. 仕五退六　象1退3

66. 帅五进一　象3进1

67. 车二平五　象1退3

68. 相三退一　炮6平7

69. 车五平三　炮7平6

70. 帅五进一　象3进1

71. 仕四退五　象1退3

72. 兵七平六　炮6进2

73. 车三平四　炮6退2

74. 兵六平五　炮6平7

75. 仕五退四　炮7平6

76. 车四平八　炮6平8

77. 仕六进五　炮8平7

78. 帅五平六　士5退4

79. 车八平三　炮7平8

80. 兵五进一　象3进5

81. 车三进四　炮8进1

82. 车三平五　士4进5

83. 车五退四　炮8平4

84. 帅六平五　将5平4

85. 车五平六　炮4退2

86. 仕五退六

第五章　相三进五

第168局　洪智胜孙勇征

（2011年弈于武汉第2届全国智力运动会）

1. 马八进七　卒3进1
2. 兵三进一　马2进3
3. 马二进三　车1进1
4. 相三进五（图1）　卒7进1
5. 兵三进一　车1平7
6. 车一平三　车7进3
7. 马三进二　车7进5
8. 相五退三　车9进1
9. 车九进一　车9平7
10. 马二进四　马8进9
11. 相七进五　卒9进1
12. 车九平六　炮2平1
13. 车六进三　车7平6
14. 马四进六　炮8进1

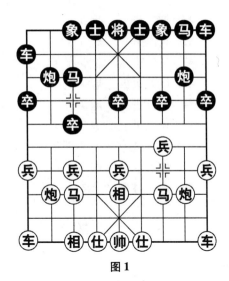

图1

15. 兵七进一！　车6平4
16. 马六进八　车4进4
17. 马七进六　卒3进1
18. 相五进七　象3进5
19. 马八进九　马3退2
20. 马六进五　炮1进4?
21. 马九退八　马2进1
22. 马五退四　士4进5
23. 炮八平九　炮8平2
24. 马八退六　马9进7?
25. 马四进三　炮2平7
26. 马六退八！（图2）　炮1退2
27. 马八进九　炮1退2
28. 炮九进五　炮7平9
29. 炮二平一　炮9进3
30. 炮一进三　卒1进1
31. 炮一退一　炮9平8

32. 兵五进一	炮8退5	
33. 相七退五	士5进4	
34. 炮九平八	炮8平5	
35. 相五进三	卒1进1	
36. 炮八退六	卒1平2	
37. 相三进五	卒2进1	
38. 炮八平五	卒2平3	
39. 兵五进一	卒3平4	
40. 炮一平二	卒4平5	
41. 兵五平六	卒5平6	
42. 炮五平一	炮5进6	
43. 炮一进八	士4退5	
44. 炮二进五	炮5平8	

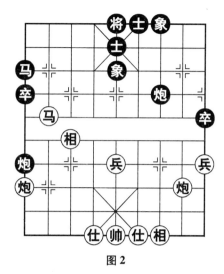

图 2

45. 兵六进一	炮8平7	46. 兵六平五	象5退3
47. 仕四进五	将5平4	48. 相三退一	卒6平7
49. 仕五进四	炮7进1	50. 仕六进五	炮7退1
51. 仕五进六	炮7进1	52. 相一退三	炮7退1
53. 相三进五	炮7进1	54. 帅五进一	炮7退1
55. 相五进七	炮7进2	56. 帅五平六	炮7退1
57. 炮二退九	卒7平6	58. 帅六平五	炮7进1
59. 炮二进九			

第 169 局　程鸣胜马维维

（2012 年江苏扬州龙坤杯象棋公开赛）

1. 马八进七	卒3进1	2. 兵三进一	马2进3
3. 马二进三	车1进1	4. 相三进五	马8进9
5. 炮八平九	炮8平6	6. 炮二进五	象3进5
7. 车九平八	炮2退2	8. 车一平二	车9进1
9. 马三进四	车9平7	10. 马七退五？	卒7进1
11. 兵三进一	车7进3	12. 马五进三	卒3进1!（图1）
13. 车八进六	卒3进1	14. 炮九退一	车7平2
15. 车八退一	马3进2	16. 马四进五	车1平4
17. 炮九平三	车4进2	18. 马三进四	马2进1？

19. 车二进五　炮2进6　　　　20. 炮二退一　炮2平5？（图2）
21. 炮三平五！马1进2　　　　22. 炮五进二　车4进6
23. 帅五进一　卒3平4　　　　24. 炮五进一　士6进5
25. 马五退三　炮6退1　　　　26. 炮二进三

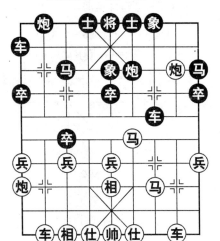

图1

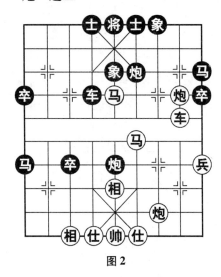

图2

第170局　郝继超和王天一

（2012年弈于呼和浩特伊泰杯全国象棋甲级联赛）

1. 马八进七　卒3进1　　　　2. 兵三进一　马2进3
3. 马二进三　车1进1　　　　4. 相三进五　象7进5
5. 车九进一　马8进6　　　　6. 车九平六　炮2平1
7. 炮八进二　车1平2　　　　8. 车六进三　炮8进4
9. 兵七进一　卒3进1　　　　10. 车六平七　马3进4
11. 车七平六　马4进2　　　　12. 马七进八　车9平7
13. 炮二平一　卒7进1　　　　14. 车一平二　炮1进4
15. 兵三进一　马6进8　　　　16. 马三进四　马8进7
17. 马八进六　卒5进1！（图1）　18. 车六平九　炮1平2
19. 车九平七　车2进3　　　　20. 相五进三　士6进5
21. 马六进七　车2退1　　　　22. 炮一平三　车7平8
23. 炮三进三　象5进7　　　　24. 兵五进一！（图2）炮2平9
25. 兵五进一　车2平8　　　　26. 马四退三　炮9退2

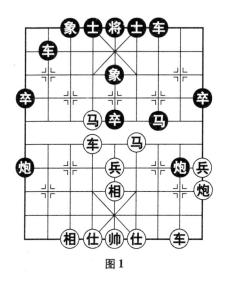

图1　　　　　　　　　　图2

27. 兵五进一　卒1进1	28. 车七退一　后车进2
29. 兵五平四　炮8进1	30. 车七进三　后车平5
31. 相三退五　车5进3	32. 兵四平三　车8进3
33. 车七平四　车5退3	34. 马七退五　炮8进1
35. 兵三进一　车5平7	36. 车四平一? 车7平9
37. 马五退三　车9进1	38. 前马退二　炮9平8
39. 车二平三　前炮平4	40. 仕四进五　炮8平5
41. 马三进四　炮4退5	42. 马四进三　炮4平6
43. 马三进四　车9退1	44. 马四退三　车9平8
45. 马二退四	

第171局　欧照芳胜胡景尧

(2012年重庆第2届川渝象棋群杯象棋赛)

1. 马八进七　卒3进1	2. 兵三进一　马2进3
3. 马二进三　车1进1	4. 相三进五　卒7进1
5. 兵三进一　车1平7	6. 马三进四　车7进3
7. 车一平三　车7进5	8. 相五退三　马8进7
9. 炮八进四　马3进2	10. 车九进一　象7进5
11. 马四进六　马7进6	12. 炮二平五? 马6进4
13. 炮五进四　士6进5	14. 车九平二　炮8平6
15. 兵七进一　马4进3	16. 兵七进一　马2进1

17. 炮八平七　马3退2？（图1）
18. 马六进五　马2退3
19. 马五进七　将5平6
20. 兵七进一　炮6退1
21. 马七退六　马1退2
22. 炮五平四　炮2平6
23. 马六进四　炮6进2
24. 马四进二　将6平5
25. 车二进五　炮6退1
26. 兵五进一　炮6平5
27. 相七进五　马2进4
28. 兵七进一　马4进2
29. 仕六进五　车9平7

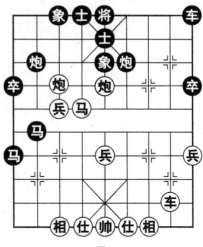

图1

30. 车二平一　车7进1
31. 马二退三　车7进1
32. 兵五进一　炮5平6
33. 马三退四　车7进2
34. 马四退六　车7进2
35. 车一平六　车7平5
36. 兵一进一　炮6进4
37. 马六退八　炮6平9
38. 马八退六　车5平6
39. 兵七进一　炮9进2
40. 马六进八　车6平5
41. 车六平八　马2退4
42. 马八进七　车5退2
43. 车八平六　车5进1
44. 车六平二　车5退2
45. 车二进三　士5退6
46. 车二退六　象3进5
47. 车二平六　马4退3
48. 兵七平六　士6进5
49. 兵一进一　马3进1
50. 马七进六　士5进4
51. 马六进八　士4进5
52. 车六平二　将5平6
53. 马八进七　车5平4
54. 马七退五！（图2）车4平7
55. 车二进六　将6进1
56. 车二退八　士4退5
57. 车二进七　将6进1
58. 兵六平五

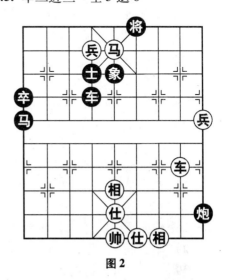

图2

第六章　相七进五

第172局　郑一泓胜金波

（2002 年弈于宜春全国象棋个人赛）

1. 马八进七　卒 3 进 1
2. 兵三进一　马 2 进 3
3. 马二进三　车 1 进 1
4. 相七进五（图1）　卒 7 进 1
5. 兵三进一　车 1 平 7
6. 马三进四　车 7 进 3
7. 炮二平四　炮 8 平 6
8. 车一进二　马 8 进 7
9. 马七退五　炮 6 进 5
10. 炮八平四　马 3 进 4
11. 车一平三　车 7 进 3
12. 马五进三　马 4 进 6
13. 马三进四　车 9 平 8

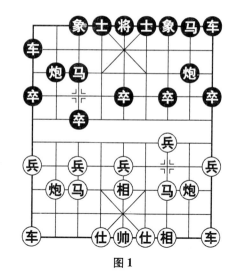

图 1

14. 仕六进五　士 6 进 5　　15. 兵七进一　车 8 进 5
16. 车九平八　炮 2 平 4　　17. 马四进六　卒 3 进 1
18. 马六进八　马 7 进 6　　19. 车八进五　马 6 进 5
20. 马八进七　炮 4 退 1　　21. 车八平三　象 7 进 5
22. 车三进一　车 8 平 5　　23. 炮四进六　士 5 进 4
24. 车三平二　卒 3 进 1?　　25. 车二进三　将 5 进 1
26. 炮四平一!（图2）将 5 平 6　　27. 炮一平六　车 5 平 2
28. 车二退一　将 6 退 1　　29. 车二退五　将 6 进 1
30. 车二平五　将 6 平 5　　31. 车五进三　将 5 平 4

32. 车五进一　卒 3 进 1　　　　**33.** 车五退一　卒 3 进 1

34. 车五平九　卒 9 进 1　　　　**35.** 车九进二

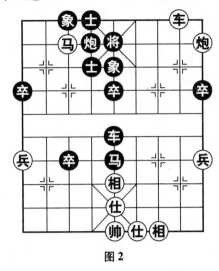

图 2